ひきこもりからの脱出

石田一宏の子どもの発達論を読み解く

石田かづ子　石田一宏 編・著

新日本出版社

ひきこもりからの脱出　――石田一宏の子どもの発達論を読み解く

はじめに

石田かづ子

この本は、石田一宏先生のもと、子どもの発達研究会で学んだ私たちが、先生の理論をまとめたものです。

石田一宏先生が逝ってしまってから二〇年が経ちます。やっと、石田先生との約束を実行するときがきました。その約束とは、次の通り、二〇年前のお別れのことばに詳しく述べています。

石田一宏先生へ　お別れのことば　(石田一宏先生をしのぶ会)

きょうは、四月一日ですね。先生のお誕生日ですね。本当は、子どもの発達研究会でお誕生日会をやるはずでしたのに。

千葉では、染井吉野の桜が二分咲きです。福井の足羽川《あすわがわ》の土手の桜のつぼみはほころびましたでしょうか。千葉の東葛病院の白い建物の見える江戸川の土手。そして、福井の足羽川に広がる土手からみた景色。同じところに立っているような錯覚を覚えます。

似ている景色ですね。「ええ、この足羽川の土手を石田先生とよく歩きましたよ。よくしゃべりましたよ」と、石田先生の親友の郷義雄さんにお聞きしました。郷さんは、涙で目を赤くして、万感の思いで、石田先生の思い出を語ってくれました。

「北陸線、米原から福井へ向かう列車の中では眠っていては損だよ。一番景色のいいところなんだから」と、先生は、子どもの発達研究会（第一〇回　最終回）に参加する私たちに、温かい気持ちを寄せてくださいました。

石田先生は、自然の中でみどりを眺《なが》め、野の花を愛《め》でながら、思考をめぐらせて、「子どもの発達論」を組み立てた偉大な哲学者、科学者でした。

私たちの「子どもの発達研究会」が発足に至った経過は、石田先生と何度も話し合う中で、子どもの実態、教育の流れの実態、社会情勢をどうとらえるか……これらの点で共有できるものがたくさんありました。

「子どもの発達研究会」を発足しようと、第一回目から一〇回目の日程を手帳に書き入れたのは、一九九八年七月でした。石田先生の流山のマンションの近くのお寿司やさんで、おいしいお刺身を舌つづみ、おいしいお酒を酌み交わしながらでした。事務局として、養護教諭の先輩の天木和子さんと私が。石田先生は、私たち二人をつかまえると、いつも皮肉を交えながら、いたずらのかわいい目をして「あなたたちは、哲学がないからなあ。理論をしっかり勉強してほしい」と言われるのです。盃を干して、「はい、お兄さま。理論をしっかり学んで自分のものとし、講演は妹のさくらが。兄に代わって、全国を回りましょう」「では、さくら頼んだよ」と。こんな冗談の会話をあの堅物の石田先生が言ってのけるのですから。診察室のデスクの引き出しに、ウィスキーが入っていたりして、石田先生も、私たちと同じようにはみ出したり、まあるい部分を持っておられる方なんだあと思います。

難しい話をしたあとは、いつも私たちの得意のおしゃべりタイムで楽しかったなあ。石田先生も普段の疲れが飛んでしまうぐらい、きっと楽しかったでしょ。そうでしょう、石田先生。子どもの発達研究会の事務所を開設して、全国のネットワークをつくろうなんて、未来の夢を語り合いましたね。夢のような話でしたが、石田先生は、現実に置き換えていたのかもしれません。石田先生は夢をみながら現実をイメージしている人でした。

それが一二月四日。石田先生が福井へお帰りになられる日。東京駅に事務局である天木さんと私は呼ばれたのです。「子どもの発達研究会は、がんばって二人が中心になり、自分たちの理論をつくって、世論として広めていってくださいね」「どうしてですか？ 私たちを見捨ててしまわれるのですか？」「二人だったらできるよ。確信する」「僕は、交通事故にあったようなものなんだ」「えーっ、どういうことですか」「そんなことおっしゃって。まさか、がんの病気になられたとか……」

信じられません。一〇月には、水上《みなかみ》藤原の高原をごいっしょにハイキングしましたね。藤原のスキー場のゲレンデは、コスモスが一面に咲いていましたね。あんなにお元気であったのではないですか。あのとき、北京から修学旅行で、看護学校の学生さんと帰国して、藤原の別荘に直行されましたね。お疲れになっていらっしゃると思いますよ。無理をされませんようにという私たちに、「僕も行きたい」と子どものようにだだをこねて言ったのですよね。いま思えば、先生は、いのちある限り、自然の中で生きたかったのですね。

藤原の別荘といえば、先生と親友の郷さんが、疲れている大人、不登校の子どもの居場所にしようと構想を練って、捜し求めたものでしたね。「くりかえし転地療養」というのだそうですね。自然の中で生活して癒され元気を取り戻し、現場へかえって仕事に励む。また別荘で休養するということを繰り返し過ごして、本来の元気を取り戻していくという、居場所として営んでいきたかったということは実現できませんでしたね（私たち、「不登校を考える東葛の会・ひだまり」の会といっしょに、別荘を守って、友人を誘ったりして、温泉に浸かり四季おりおりを楽しんで結構長く経営してきました。こんな話もしたかったですよ）。

でも一一月の研究会のときの、腰の痛みは気になりましたよ。「うん。もっと生きたかったなあ。八〇までは生きたかったなあ」「何をおっしゃるのですか」「一二月の研究会は、東葛病院の会議室でやろうか。ベッドに寝ていてもできるし、車椅子で参加もできるよ」と。先生は、最後に立ち上げた「子どもの発達研究会」を確かなものにしたいという強いものを持っていてくれるのだと思いました。強烈な思いがびんびん響いてきました。石田先生は、東葛病院に入院治療をしながら、子どもの発達研究会はやるんだという強固な思いをもっておられました。

私たちは、先生が新幹線で帰られた後、「先生ががんに……」頭の中ががらっぽになり、全身の力がなくなっていきました。石田先生は、東葛病院に入院をされているときに、何回か連絡をしてくださいました。子どもの発達研究会を何とかまとまったものにしたいという願いを強く持っていてくださったのです。

「もう手術の必要はなくなった。だから入院している必要もないんだ。僕は福井で仕事をする。講演三つはやりとげ、三月の看護学校の卒業式は参加する」と。強靭な意志をもって話されました。冷静な話し方でした。

私は涙をぽろぽろ流しました。「がんばってね」と石田先生が。「どうして、僕があなたを励まさないといけないんだろうね」……そりゃあ、私の方が、気持ちが弱いからですよ。確固とした判断力を持ち合わせていないからですよ。女々しいのかなあ。しかし、死に向かうのは悲しいことですよ。新松戸駅前のカフェでした。ウインドーをトントンと、松戸の音楽の先生、瀬能先生が合図していきました。

一二月二五日の第一〇回子どもの発達研究会は、福井でやることになりました。石田先生は、千葉には来られない状況でした。石田先生は、会員のみんなが本当に福井に行かれるかと気にされました。九名参加の報告をすると、「あなたたちは、やるときはやるんだね」と単純に感動してくださるのです。

先生が第一回目の子どもの発達研究会の冒頭に話されたことを思い出します。「ケース研究会ではない。子どもの発達の法則はあるんだ。理論として受け継いでほしい。学校の実践の中で理論を自分のものにし、実践で世論として広めてほしい。研究会は全日程欠席なしで参加し、参加者の出入りはしないで、一貫した学びとしよう」

研究する厳しい姿勢を持ち合わせている人はいなかったかもしれません。一二月二五日、第一〇回子どもの発達研究会は、私のレポートと石田先生の総論としました。石田先生には、私たちは学んでいるんだという証拠をレポートとして提示したいと考えました。理論を受け継いでいく中身を示さなければと気持ちは高ぶりました。私は学期末のまとめをする忙しいなか、保健室登校の子と向き合い、家の引越しを控えていましたが、家の中をめちゃくちゃにして、ただひたすらレポートづくりに取りかかったのでした。

石田先生の総論の講義は、一時間余りにわたる熱弁でした。子どもの実態をとらえる弁証法の観点、子どもの発達の臨界期について……ぐんぐん胸に響いてくるものでした。石田先生は、やせ細り、顔面の骨格は骸骨のようでした。立ったままのこの講義は、先生の仕事の最後になるのでしょうと不安と悲しみが湧いてきました。先生は、からだのなかから、いのちの炎を燃やし続けていました。子どもの発達研究会は、先生がいのちをかけてくれた研究会であったのだと思います。

テープおこしをしたら、校正するからねと依頼されたまま、できあがったときは、受け取っていただけなくなりました。

石田先生、もう一度お会いしたかった……。「勉強していることは認めるよ。ところで、みんなは勉強しているかね。……」とお電話でお話ししてくださったことが、私の石田先生との最後の会話でした。二〇〇〇年二月二二日、ミモザの花は黄色の希望の色の花を咲かせ、石田先生は昇天しました。

私たちは「子どもの発達研究会」で学んだ石田先生の子どもの発達論を受け継いで世論として広めていけるようがんばっていきます。できましたら、いままで学んだことをまとめたものとして発行していきたいと考えています。

石田一宏先生、いつまでも私たちが受け継いでいく理論、哲学の中に生きていてください。

二〇〇〇年四月一日

子どもの発達研究会　代表　　石田かづ子

あらためて「石田一宏先生の子どもの発達論」に大きく学ぶ

二〇年経ったいま、先生の子どもの発達論は、決して古びたものではなく、確かなもので生き生きと脈打っています。

本としてまとめるにあたって、先生の子どもの発達に関する六つの論文をパソコンで打ち直しました。論文はやさしい語りで、すとんと腑に落ちるものでした。どの論文を読んでも、いま生き生きと教示してくれています。

また、先生が起ち上げた会の仲間たちが、この間に実践してきたことを報告として載せ、私の二〇年前のレポートも加筆しました。発達論がいまも生きていることを立体的に読み取っていただけることと思います。

この本は読み手に……実践者にも、子育てをしている親御さんにも……、そうなんだと納得できるものであると思います。いまこの生きにくい社会の中で、子どもをどう見て育てていくのか明るい展望がもてるもの、大きく学べるものだと確信しています。

序章

石田かづ子

いま、私がよく利用する駅周辺では、河津桜が満開です。駅のホームから見るとまるでピンクの絵の具を流したようです。青い空と濃い色のピンクの桜の色が似合っています。二〇年前の二月は、こんなに暖かかったでしょうか。あの日、石田先生が逝ってしまった日、凍てついた空気の中に春の兆しを探していたと、いま思い巡らしています。あれからの地球環境の異変、温暖化の問題は、いまや世界的に大きな問題です。国連の地球温暖化サミット（２０１９年）で一六歳のグレタさんは、涙ながらに、温暖化阻止のための具体的な施策や行動をおこすべきことを訴えました。石田先生が、テレビのニュースを視聴されていたら、きっと、「どんな大人になるか、民主主義を主張し、何をすべきか、意思をもって行動できる子どもに育てることが、私たち大人の役割である。グレタさんは、そんな大人に育っている……」と私たちに言われたにちがいありません。

ピンク色の桜の花びらに一六歳のグレタさんの姿が映り、広い青空に石田先生の笑った顔が浮かんだように錯覚しました。私は、ぼーっと考えたり、錯覚したり……ゆっくり流れる時間が好きです。子どもの発達研究会最後の日、先生の講義を聞きながら、窓外の雪を眺め、あのとき「ベートーヴェン・ソナタ第

二三番　熱情」の曲、ピアノの音が確かに聞こえてきました。燃えるような激しいフレーズに、「生きたい、まだやることがあるんだ、生きなければ。子どもの発達研究会のまとめをしたい」と先生の叫びが私のからだに響いていていました。

石田先生と憲法

私は、退職を5年後に控えているころ、石田先生が初代校長に任ぜられていた東葛病院付属看護学校の授業「公衆衛生学　学校保健」の講師の依頼を受けて、講義に出かけて行きました。はじめの一こまの導入は、日本国憲法の前文から入りました。

冒頭に、初代校長の石田一宏先生は、「僕は看護学校の学生さんに憲法を話すんだよ。憲法は、いのちを語る基本だ。生きることを語る基本だ」と話されていました。映画のプロローグだったら、私の姿が、石田先生の姿に変身して、石田先生が語っているシーンです。私は、石田先生の憲法を大事に、いのちを守る、育てる……そんな生き様を受け継いで伝えることから教壇で話し始めました。

私が養護教諭のしごとに就いた初めのころ、四月はじめの職員会議で、定期健康診断実施計画の提案事案には、健康診断の目的「……憲法二五条の具現化として、子どもたちは、自分のからだをよく知り、元気に学校生活をおくるために、もっとどんなからだになりたいか、育っていきたいかを学ばせたい……」と明記し、提案したものです。石田先生の言い分をまねをしたわけではなかったのです。まだ知り合わないころのことですから。職員会議では、「この青二才が……。なんて生意気なことを……」などとけなされるどころか、養護教諭は、こういう視点を柱に置くんだと思ってくれ、保健室が狭いとつぶやくと、広い部屋と代えてくれたり、教師間の支援と支持がありました。しかし、いつの間にか、職員会議には、憲法の理念を入れた提案はできなくなっていきました。学校の民主主義がなくなり、教師の多忙と子ども集団は子どもらしさを失っていくようになり、問題は複雑になっていきました。問題の複雑化が深刻になっていくころ、子どもたちの登校拒否（不登校）が増加しはじめていきました。そのころ、石田一宏先生の存在を知り、先生の著書、講演、学習会などでがむしゃらに学んでいきました。学びの道筋は、たくさんあります。

先生の「子どもの発達論」にも絶対にゆるがない理論がくりかえし述べられています。そのゆるがない基本は、「憲法」です。「憲法」をもって、鉄の柱のように据えている一貫した生き方をされている方でした。すべての人間、子どもを平等に愛し、平和を追求する方でした。

石田先生は、福井の老人保健施設「あじさい」に異動され、施設長として着任されたときも、基本方針に憲法、基本的人権を話されています。憲法は、からだに息づいて、脈みゃくと波打っていたのだと思います。開所式での石田先生のごあいさつをみつけました（２０００年3月12日　故石田一宏先生　告別式しおりより）。

……私たちの、「あじさい」は、日本国憲法の基本的人権保障の精神に基づいて、「おとしよりは、長年社会の発展に貢献した人として敬われなければならない」という理念を基本にしたいと思います。

いま、憲法という我が国の最高法規が、きわめて粗末に扱われていることは、ご承知の通りです。

私は、前国会において、ガイドライン関連法、盗聴法、国旗・国歌法などの憲法の基本に触れる法律が、数の横暴によってきわめて安易に通過したことに危機感を感じるものです。

第九条の戦力放棄、内政不干渉、国家間紛争の平和的解決の精神は、第一〇条以降の国民の生存権や自由権などの基本的人権の関係にあります。

戦力を持ち、他国を威嚇するときは、国家の基本的人権を守るというとき、それは、日本の平和憲法を守ることにも通じる、それはささやかな営みであっても、重要な営みであると考えるのです。……（老人保健施設　あじさい　開所式でのあいさつより）

石田先生の「子どもの発達論」を読み解くとき、「日本国憲法」が支柱にあり、子どもが大人になったとき、民主主義の社会をつくり、意識的に成長していく大人に育てたいと、私たちはそんな大人でいたいと、いつも憲法の理念を持っています。

どの章の論文も述べていることは、子ども時代に育てておかなければならないことを、強く主張しています。子どもが感動をもって、好奇心をもって、からだで体験していくとき、子どもは発達する、発達のゆがみを克服するとくりかえし、くりかえし強調して主張しています。子どもは、機械が育てるのではなく、「人間と自然が育てる」と、最後の力を振り絞って私たちに教えてくれました。

ご執筆した時期は古いものですが、二〇年経った現在に、いまにこそ、生きている理論です。この理論は受け継がれ、実践することで、子どもが生き生きと育っていくことを確信します。

本のタイトルは、「ひきこもりからの脱出」としました。子どもたち、青年たちが未来へ飛びたち人生を切り開いていかれるよう託しました。そのかぎは一貫してあります。

子どもの生活を自然のリズムに取りもどし、好奇心をもって母なる大地へ自然の中へ、安心して、飛び出し、感動的な豊かな体験を、共有していくのです。

きっといつか、おどおどした不安は消えて、逞《たくま》しいからだと賢い思考をもって、自分らしく仲間と共に歩んでいくことができることを信じて、大人としていっしょに伴走していきたい。手をつないでいきましょう。

1章　子ども時代のルネサンスを

石田一宏

1　子ども時代は思い出深い楽しさで満ちていなければならない

最近、神経科外来でみる「気になる大人」

かつて、研究会で「最近気になる子」などのテーマで、最近の子どもの発達環境と心身の状態の関連を研究してきたのだが、私は一方では精神科の外来診療室で、とても気になるけれど、どうしていいかわからない大人に出会うことが多い。

たとえば、Aくんは、与えられた仕事はそつなくこなしているが、締め切りが迫ってくるとか、プレッシャーがかかってくると、突然仕事を休んでしまう。本人は仕事がいやなわけではないが、朝おきられないのだという。四、五日休んでけろっとして出勤してくる。Aくんは、年次有給休暇は、このようなポカ休みでなくなってしまう。趣味はドライブという、ごく普通の青年なのだが。

Bくんは、高校卒業以来フリーターだった。長くて三年、最近は短くなって三ヶ月くらいでなんとなく出社しなくなって、辞めてしまうというパターンが多くなっている。ここのところ不況で、いい仕事がないから家でごろごろしている。親は、「仕事を探せ」と言うが、「今は不景気でだめだよ」と言って動こうとしない。昼夜逆転。夜中、テレビをみたり、パソコンをやったりしている。「そのうちに働くよ」と言って毎日怠惰《たいだ》。こういう生活にあきないことが不思議なくらいである。社会的引きこもりである。

Cくんは、おとなしい青年。しかし、妻によると家ですごく暴力をふるうという。会社では、おとなしい従順な青年であるけれど、家では、「汁がさめている」とか、「返事がきこえない」などと言って、妻をなぐるのである。酒を飲んで暴れる酒乱ではない。しらふであるが、ささいなことでカーッと顔色が変わってしまう。そして、あとで「ごめんね」と、とてもしおらしい。妻も、また許してしまうのである。

Dさんは、夫と別居中。二歳の子と二人暮らし。ささいなことで、子どもを虐待してしまうのだと訴える。特に夜泣きをすると、たたいてしまう。私だって眠いのだと思う。いけないと思っても、たたいてしまう。とめられない。「もっと泣け」と思ってしまう。もういやだと思うと言って訴えるのである。

最近は、このような青年の患者さんがふえている。精神病ならば治療の方法論はできている。病気には、病的過程があり、そのプロセスをとめることができればいいのだ。

しかし、ここに述べたようなケースは、精神病ではない。だから、これがベストだという治療論があるわけでない。どのように生きるべきか、どのように自分の心をコントロールすべきか、アドバイスすることが私たちの主な仕事になる。アドバイスしたところで、そのようなアドバイスを取り入れて実行できれば、なにも問題ないのだ。彼らは、医師にアドバイスを求めるけれども、やっぱりそのようにはできないですということが多い。しょせん医師のアドバイスといっても、社会的に一般の知恵にすぎないのだから、同様のアドバイスはすでに何度もきいているにちがいないのだから（唯一、医師は、薬を投与することができる。だから、医師に相談することは決してわるいことではない）。

このような、精神的な病気ではないのに、生きるのに必要な根気や辛抱強さや穏やかさや愛情を身につけていない。言葉をかえれば「生きる力」の脆弱《ぜいじゃく》な若者を最近多くみるのである。

そして、この大人の「生きる力」の脆弱さは、決して先天的なものでもなく、また大人になって突然でてきた原因不明の欠落でもないのである。

それは、以前から予想されていたことでもあるが、子ども時代の全過程の結果なのである。あらためて、「子ども時代とは、未来の大人を創ることなのだ。いまの大人は未来の大人が、生きる力の充実した大人に育つように、いまの子ども時代を改造しなければならない」と思う。

かつて、世の中全体が貧しかったころ、子どもたちの社会は、大人のおっせかいのとどかないところで自由に存在した。大人も「子どもだから」ということで、我慢もさせ、夜は早く寝かせ、食事をちゃんと食べさせる努力をした。つまり、子どもの発達にふさわしい生活が保障されていた。

ところが、いまモノが豊富になり、大人の生活と子どもの生活の垣根がなくなり、大人の干渉と甘やかしもひどくなって、子どもに独特の社会と生活が失われてしまった。そういう失われた子ども時代の結果が、先ほど述べたような青年の事例に現れているのである。

私は、いま子ども時代を三〇年くらい前の子ども時代にもどさねばならないと考える。つまり、子ども時代のルネサンス（復興）である。もちろん、それは、子どもを貧しくせよとかハングリーにせよとかいうのではない。現在の物質の富は、そのままでいいだろう（環境破壊や大人の健康破壊の問題から、この物質文明そのものも改造をせまられていると思うが、ここでは、子ども時代の問題に限って述べたいと思う）。ただ子どもたちに与えるのは、大人とちがう発達途中という条件を考えてからにしようといいたいのである。

子どもたちの生活を健康と発達のためにつくりかえる

一　睡眠と覚醒のリズムの確立

大人になってから、「夜になったから眠い。なにはさておいても寝なくっちゃ」と思うのは、子ども時代に獲得した「眠い」という人間的本能があるからである。人間的というのは、そこには、きわめて快い誘惑という心理的な現象をともなっているからである。つまり、人間の睡眠欲という本能は、単に生理的な眠気ではなく心理的でもあるのである。だから、私たちは、寝ることを楽しく思うのである。

このような人間的本能を獲得するためには、子ども時代、特に乳幼児期、夜の決まった時間（午後八時ごろが適当と考えられる）に寝かせられて、夜になったら寝るという条件反射を学習しなければならない。

夜決まった時間に眠り、朝決まった時間に起きるという生活習慣によって睡眠リズムは安定したリズムを確立する。安定したリズムの睡眠は、前日の心身の疲労をすっかりとりのぞき、新しい一日の活動を保障する。

よく眠った翌日は、頭脳はさっぱりとして周囲からの刺激にも気持ちよく反応することができる。多少いやなことでも、がまんするのではなく、苦労なく受け入れることができる。

こういう睡眠、覚醒の規則正しい習慣が、子どもの日常生活を生き生きとさせる生理的条件となり、そして同時に大人になったときの「眠れる幸せ」という人間的本能を育てているのである。

人間が、どんな物質的環境のなかに生きようと、この睡眠を欲する本能と睡眠によって心身の疲労を回復する機能を失うわけにはいかない。いま青年のなかに、さまざまな睡眠障害がみられる。さまざまの「症候群」の名がつけられているが、それらの多くは、原因不明のものではなく、子ども時代に夜の睡眠が正しく保障されていなかったことの結果なのである。

かつて、保育者や教師が一生懸命とりくんだ「生活リズム」の問題はもう一度重視されねばならないと思う。

二　自由な時間と空間の保障

夜早く、そしてぐっすり眠った子は、早起きである。子どもの目覚めは、自然覚醒でなければならないのだが、自然覚醒した子は、静かに、そして好奇心豊かにあそぶ。

保育園や学校へ行っている子は、その時間を一定のスケジュールのなかで過ごすのは当然だ。しかし、朝と放課後は基本的に自由でなければならない。自由に過ごせる空間も必要である。自動車の入らない路地、安全な公園や校庭などが充分に必要である。

子ども時代の自由ほど大事なものはない。それは何でも自分の思うようになるという我がままではない。我がままは、自分の要求したものがすべてかなうということで、決して自由ではない。自分で障害を乗り越えるという達成感や満足感を味わうことができないのだから。子どもに与えなければならない自由とは、自分の力でものごとを乗り越える自由である。だから、障害や困難は自ら乗り越えなければならない。自ら障害や困難を乗り越えた子は、大人がレールを敷いたところを歩いていては得られないものである。

放課後の塾や習い事は最小限にしなければならない。学童保育も、自由な放課後の保障でなければならない。

そして、大人の口数を少なくしなければならない。安全な空間はつくらなければならないが、そのなかではまったく自由でなければならない。子ども自身の責任でおこるケガやケンカやトラブルは、最大限自治にまかせねばならない。近年、子どもの自由をうばっているものは、受験体制をはじめとする、競争原理の子ども社会での徹底という体制の問題と同時に、善意であれ大人の口数の多いことも問題であることを強調しておくべきだろう。子どもの生活のすみずみまで大人が細かく口出しをすることは、決して子どもの自由な精神活動を助けないし、子どもの精神発達に有益なことではないのである。自由こそ子どもの主体的思考や自治能力を育てるのである。

三　安心感をたっぷり与えよう

前項で、大人の口数をへらすように述べたけれども、もちろん、その内容が問題なのである。大人が子どもに語りかける余計な言葉は、だいたい次の三つである。まず、指示「勉強しなさい」「なかよくしなさい」。第二に、評価「あなたって、やっぱりだめな子ね」「すごいじゃん」。第三に、意見「それは、あなたが努力しないからよ」「もっと身を入れて勉強すべきよ」。

子どもは、この三つには弱い。耳を傾けざるを得ない。幼ければ幼いほど、子どもは大人の口から出るこれらのアナウンスに従うものである。まず指示されることの多い子は、自分で考えて行動することを面倒くさく思うようになり、指示されれば行動するが、指示されなければなにもしない子になる。評価されることの多い子は、評価されることを気にして、いい評価のとれることにはがんばるが、評価が悪くなると、簡単にやる気を失う。また、いい評価を得るために、ウソをつくことも多い。本当の実力はつきにくくなる。意見をたっぷりときかされている子は、自分の体験でわかったのでなくとも、理屈だけは達者になる。

このように、大人の言葉に支配されている子は、いつも大人の言葉を気にする。大人の顔色をみる。そこには、子ども自身が、自分の力でのびのびと真実を見つけるという保障、つまり安心感がない。

安心感につつまれていなかった子は、じぶんという個性に自信がもてない。自分の思考をきたえていないから、論理的な話ができない。大人に教えられた理屈は言うけれども、「自分はこうしたいし、その責任は自分が負う」という確かさがない。だから、子どもには、たっぷりと安心感を与える必要がある。大人からいじめられない、虐待されない、支配されない、そして、大人から全面的に愛されていると思えるような状況に、子どもはいなければならない。子どもは、無条件に愛されそれがきちんと、子ども自身に伝わるように、大人は訓練されていなければならない。

四　子どもを機械に育てさせない

人類の子どもの周囲を、このように多くの機械の類が囲んでいるのは、この一〇年から三〇年くらいのことである。子どもの脳は、大人と一緒の三次元の世界を共有しつつ、ものごとの意味を理解し、概念を把握し、そして、その名前を覚える。ところが、テレビの映像やボタンを押すことで展開するテレビゲームの類は、ものごとの意味の理解、概念の把握という神経生理的プロセスをゆがめてしまう。このような機械類に乳幼児期から慣れ親しむと、その子の言語は、いびつなものになる。つまり、自分の使う言葉が内包する概念を体験的に理解できないのである。言葉は知っていても、感情をこめて使うことができない。たとえば、イントネーションの違いで意味の違いを理解できない。また表現は単調で、言い換えができないなどの問題が、あとで出てくる。

機械は、人間のように疲れないし、感情がない。だから、こちらが止めるまでそれこそ永遠につきあってくれるし、ケンカしてゲームを投げ出すということもない。「疲れたから休もう」とか「君は弱いからいや」などという相手がいないから、コミュニケーションのわずらわしさを調整する能力は育たない。

人間の子どもは、人間関係のわずらわしさのなかで育てられてはじめて、人間同士の喜びや楽しさや悲しさやうっとうしさなどの感情体験をするのである。そして、感情豊かな人間に育つのである。機械に育てられて感情や人間理解、自己洞察などは絶対に育てられないことを強調しておきたいと思う。

言葉の遅い子やコミュニケーションの下手な子、すぐキレる子などの生活をチェックすると、彼らの生活の主要な場面に人間よりも機械が鎮座していることが多い。私は、家庭のなかに人間の交流（さらに自然との交流）を回復させることによって、子どもが生き生きと変わっていく姿を多くみている。

五　豊かな楽しい子どもの生活

子ども時代は、豊かで楽しくなければならない。ただ問題は、「豊かで楽しい」のは、どういう状態かである。

一言でいえば、その子の持っている可能性が総合的に発達していることを、子ども自身が自覚して楽しいことである。今年よりも来年、来年よりもさ来年、子どもは発達していると自覚するとき、子どもはその日日が苦しくても生き生きと目を輝かせている。

テストの成績がのびることが、発達していることとイコールではない。子どもが、ものごとをわかることが面白いというとき、同時に成績ものびているのならば、発達しているといえる。勉強は、特に楽しいわけではないが、成績がのびることと優越感にひたれるとか、親がごほうびをくれるからうれしいというのは、健康に発達しているとはいえない。

大人の「勉強できるとうれしいでしょう」という言葉を、子どもはもっと即物的に理解して「成績がよくなると、ぼくはうれしい」と思ってしまうことは多い。しかし、あるきっかけで、「ぼくは本当は勉強を楽しんでいなかったのだ」とわかることがある。自らの精神的諸能力の発達になっていなかったからである。

夜は、早い時間からよく眠り、朝、気持ちよく目覚めて、安心感に包まれた家庭や学校でのびのびと、人間的なかかわりの豊かな自由な時間を、たっぷりと持つならば、その子ども時代は、人生を楽しくすることのできる大人を生み出すだろうと、私は思う。ところが、夜眠くならず、朝さっぱりせず、いやいや学校に行き、成績に追われて時間を送り、気分転換にテレビやテレビゲームなどの機械にお相手をさせて時間をつぶしているような子ども時代では、大人になっても人生を楽しむ感性や知性は充分に発達しないであろう。

大人になって、子ども時代の豊かさをどれだけ楽しく思い出すことができるか、いまの子どもの毎日の生活を、私たち大人は見直す必要があるのではないか。

2　食事が人生を楽しくする　食文化を身につける教育

はじめに

食事は、眠りとともに私たちの生活の真ん中にある。それには、二つの意味がある。一つは、眠りも食べることも人間の生命維持、能力の発達、成長のために必要な生理現象である。二つには、ともに人間の生活文化を豊かにするための欲求であるという点だ。

つまり、食事は、栄養をとるというだけでなく、文化なのだ。人間は、食べたいときに、エサをついばむという食事の仕方をしない。おなかがすいても食事時間まで待って、自分の気に入ったメニューを考え、つくり、そして談笑しながら食べることを楽しむ。これは、まさに文化的風景ではないか。このような文化的な行為を通じて、生命の維持や身体機能の発達、成長に必要な栄養が吸収されていくのだ。食欲というものは、本能といっていいものである。ただし、動物の食欲の多くが遺伝子の支配から自由でないのに、人間の場合は食べたいという本能的欲求を食事という手間ひまかかる文化まで育てたのである。それどころか、「食べたい」という欲求についても、それは単なるエサを衝動的に求めるのでなく、「きょうは、あれを食べたい」「いまはこちらをたべよう」などと、空想して選択する思考が働いている。

このような文化的営みを通じて、自らの身体の機能維持をはかるというところに、人間の本能の本質がある。それは、眠りについても性欲についても言えることなのである。

しかも、この文化的営みは深いものであって、文化的味わいが深ければ深いほど、それは人間にとって快感である。たとえば、駅前の立ち食いでそそくさと食べるそばも、老舗の手打ち蕎麦でゆっくり食べるそばも、栄養的には同じかもしれないが、その文化的味わいや快感は全く違うであろう。

もちろんここで、「どっちも胃に入れば同じ」と欲を言わない人もいる。そんな人は、食事というものに関心をはらわない。食文化なんてどうでもいい。時にファッションのようにグルメに関心をもったりもするが、日常生活をみると、エサを食べるようなことで不満をしめさない。こんな人も決して少なくない昨今だ。

このような食事文化にたいする態度の違いは、どこからくるのか。その答えは、子ども時代の食事を中心とする生活体験なのである。

生活リズムの中の食事の意味について

私たち大人は、なぜ食事時間のころになると空腹感を自覚するのだろうか。それは、私たちの子ども時代は、食事時間が決まっていて、どんな空腹でもたっぷりと待たされたからである。「お母さん、おなかすいたよ」と訴えながら、お母さんの台所仕事を手伝ったり、つまみ食いをしたりした時間。四時間目ぐらいからおなかをすかせて、給食室から流れてくるおいしいにおいをかいだ時間。それらが、人間の腹時計、つまり、時間がくると空腹を気持ちよく自覚するということを学習させたのである。そして、この空腹感を生理的基礎にして、子ども時代に食事についての関心や興味を育てたのである。子ども時代、空腹の体験が充分に与えられなければ、食事のことを考えないだろう。私たち大人にとっても、おなかがすかないとき、食事のことを考えるのは面倒くさいことだ。

だから、子ども時代に、空腹感を生活リズムの中で充分に体験させることが大切なのである。空腹感のあとに満腹感の体験があって、子どもの食事に対する関心は満足させられる。食事をすることの楽しさ、おいしさは、空腹感のあとの満腹感によって学習される。これが朝、昼、夕ときちんとくりかえされることが重要なのである。

テレビなどで動物の摂食《せっしょく》行動をみることがあるが、動物はたえず食べている。たえず食物を探している。エサを見つければ食べてしまう。これでは、「どんな食事をしようか」などという文化が育たないのは当然である。人間も原始そうであったかもしれない。しかし、食物を料理したり、保存したりする行為を獲得するうちに、食事を待つということを学習したのではないかと思う。そして、待てばよりおいしくすることができるとわかったのではないか。親子が「おいしいね」と顔を見合わせたことが、食事の団欒《だんらん》の楽しさの発見になったのではないか。などと私は想像するのだが。

いずれにせよ私は、子ども時代に空腹感と満腹感を、快感として体験することが、非常に重要だと考えている。空腹感をただ充たすだけであれば、動物と同じようにたえず食べているという食事になってしまう。快感として自覚できるには、繰り返しの学習が必要である。繰り返しは、時間が決まっていなければならない。

生活リズム、つまり睡眠と食事の時間は、大人がしっかりと定めてやることによって、子どものやたら食べるという無規律が制御され、私たち大人のような生態リズムが完成するのだ。

空腹感をしっかりと感じ、食事を待てる子は、能動的で、かつ落ち着いている子である。空腹感をがまんせず、やたら食べる子は、落ち着かず、わがままで、食事を味わうこともせず、好き嫌いも多くなる。スナック菓子のような味の濃いものを好み、食事を楽しまない。

空腹感を感じる子は、食事を楽しめるし、料理の中身にも関心を持つ。味をくらべる力も育つ。なぜなら、味覚や嗅覚などが敏感になるからだ。

空腹感を充分に感じることのない子は、食事に対して関心がうすく義務的になり、食事に関するさまざまな行動をわずらわしく思う。他の欲求、例えば「やせたい」「給食で吐くのがこわい」などが強いと、比較的容易に、「食べたい」という欲求を犠牲にしてしまう。

みんなで食べる——食事文化の基礎

食事を待つということが食事を豊かにする条件であるが、その場合、やはりみんなで待ったほうが楽しい。太古、人類が料理を始めたころも、ひとりでひっそりと料理を研究していたのではないと考えられる。野菜がぐつぐつと煮えるのを、みんなで待っていたのではないだろうか。肉がミディアムに焼きあがるのを、みんなでワイワイ言いながら待っていたのではないだろうか。そして、このダシがいいとか、あのタレがいいとか議論していたのではないだろうか。

つまり、食事の始まりは、団欒であったと私は思う。しかもその場所は、安全なところが選ばれた。大人にとっても、子どもにとっても、食事ほど心なごむ、すばらしい時間はなかったのではないか。人間がはじめて人間的な快感を感じたのは、食事の時間だったのではないかと、私は思うのだ。なぜなら、どんな民族もそれぞれの食文化を持たないことはないのだ。食事は生活文化の始まりだったと思う。そして、それが一人ひとりの人間が仕事以外のときに群れることを求める新しい楽しみになったのだろうと思う。

このように考えると、子ども時代の食事の雰囲気の楽しさは、その子が大人になったときの人間関係のつくり方などに大きく影響するにちがいないと考えられる。なぜなら、子どもは、友だちとのあそびや学校での勉強よりもずっと多く食事時間のなかで人間関係を経験するわけだし、そこでの気持ちのよしあしが、人間関係の練習として一番濃厚なものだからである。

だから、食事時間こそ子どもがおしゃべりしたり、励ましあったり、なぐさめあったりするのに最良のときなのである。家庭の食事や学校の給食を楽しみにする子は、健全である。しかも、ただエサにありつくことを求めるのではなく、その団欒の雰囲気を好むようになってほしい。

しかし、そのためには、家庭の食事も学校の給食も、管理的ではなくアットホームな温かい雰囲気につくられていなければならない。それは、大人の仕事なのだ。

食文化がくずれると、生活がくずれる

私の外来には、思春期の子どもが多いのだが、登校拒否とか家庭内暴力とか、相談の主要な問題とは別に彼らの生活をきいていると、彼らの食事のようすもとても気になる。

気にはなっても、いまその子の食事のあり方を是正しようと考えてもしかたがない。というか後回しにするしかないのであるが、しかしよくみると、その子の食事のあり方の中に、その家庭のあり方が集中してあらわれていると思えるような光景なのである。

冒頭にも述べたように、食事は子どもの生活の真ん中にあるのだ。生活がくずれていれば、食事のあり方もくずれる。また食事のあり方がくずれてくることは、子どもの生活も当然発達阻害的にくずれていくのだということが、具体的なケースの中でみえてくる。

家族、特に父親と食事しない

父親が帰ってくると、Aくん（中二）は自分の部屋に入ったきり出てこない。父親が夕食を食べて自分の部屋に入ってしまうと（その家には部屋が一人ひとりある）キッチンにおりてきて、テーブルに置いてあるAくんの分を食べる。終わると、だまって妹が見ているテレビを一緒に見ている。お母さんが、「もう終わったの？」と聞くと、Aくんは聞こえるか聞こえないのか小さい声で「うん」というのみ。

Aくんの食事は異常ではないだろうか。しかし、お母さんにしてみれば、数ヶ月前のことを考えると、まだいいと思うのである。ほんの一ヶ月くらい前まで、Aくんは学校へ行かないだけでなく、ものすごい暴力をふるったのだ。母親に対してささいな口実で暴れだし、またそれを制止しようとする父親と、取っ組み合いになったりしていたのだ。

この間から、非干渉、非服従の路線を徹底して、ようやく現在のような小康状態に達したのである。

Aくんの小さいときの食事はどんな光景だったのだろうか。食事は団欒ではなかったようだ。特にお父さんがいるときは、ペチャクチャおしゃべりができなかった。お母さんも、お父さんに気をつかって、子どもを制止することが多かった。「お父さんに怒られてもいいの？」というのが、おかあさんの決まり文句だった。

Aくんのように家庭の食事が団欒でないと、例えば、学校の給食も楽しめない。むしろ、家と違ってわがままになったりする。

いずれにせよ、Aくんの異常な食卓の態度は、人間関係の反映であった。

拒食、過食などのいわゆる摂食異常

最近、「体重がふえること」を異常に恐怖して、「食べたい」とか、「おなかいっぱいで幸せ」などの本能的欲求を簡単に抑えてしまうことができる子が増えていると思う。女の子に多く、きっかけは、「ちょっと太め」とか「ふっくらしてかわいいね」などの他人の一言だったりするのだが、問題は、食欲を我慢することである。食事の栄養素などには関心がいくけれど、「おいしそう」とか「食べたいな」という食べることへの関心は極端に失われている。生育史を聞くと、もともと食事に淡泊というか、「食べさせるのに苦労した」などという親の述懐も多い。したがって、食事中も親はかなり干渉的だったのではないか。空腹感を大事に育てるのではなく、なんとか栄養をとらせることに神経がつかわれたのではないか。

現在、けっして少なくなく、かつ低年齢化している、いわゆる摂食異常の子どもたちのかつての食事のあり方について調べてみることも大事なのではないかと私は考えている。もちろん、その病態は単純ではないと思うけれども。

腹時計のない子、味わわない子

おなかがすくと、すぐ食物を要求し、かつすぐ与えられる子は「腹時計」がないようである。「腹時計」というのは単なる空腹感ではなく、ひとつの時間感覚なのだろう。たとえ夢中で仕事をしていても、「おなかが時間を教えてくれる」のである。そうした「腹時計」のない子が思春期以降、塾へ行ったり、バイトを始めたりすると、簡単に食生活がくずれてしまうのではないだろうか。不規則な食事でも平気ということになる。こういう生理的な時間感覚が育っていないと、年をとってから自立的生活のために、困るのではないかと私は心配になる。

さらに、食事をゆっくりと味わうことをしない子もいる。もちろん、味覚は充分あるわけだから、「おいしい」とは言うのだが、食事が早い。遊びながら、どんどん食べていく。食事を味わうためには、せかされない、ゆったりした時間が大事である。もちろん、子どもの生活にも「急いで食べて」というときもあると思うが、それはあくまでも臨時でなければならないと思う。

いささか断片的ながら、私の外来で診てきた子の食生活の問題をピックアップしてみた。この他にも、給食をみんなと一緒にできない子とか偏食の強い子とか、検討しなければならない課題はあるのだが、紙数も限られている。要するに、子どもの食事のあり方は、家庭生活を中心とする生活全体の反映であるのだ。食事の問題を吟味すれば、食事の問題を通り抜けて子どもの生活全体の問題に至るのである。だから、食事の問題をハウツー的に考えてはいけない。あくまでも子どもの発達保障の立場で、生活全体の中でみていかねばならないのだ。

おわりに　——食事を真ん中に

一　みんなで食事を楽しむことの学習

小さいときから、孤食ではなく、大勢で食べる雰囲気を大切にしたいものだ。これは大人がつくらなければならない。ふだんは父親がいない食事であってもやむを得ないが、例えば休日は、父親も含めてみんなで食事をする。しかも、父親もそれを楽しみにしているということが大切だ。

ファミリーレストランなどで出てくる食物をモクモクと食べている家族は、それだけではやはりいただけない。休日こそ、家庭で食事づくりからあとかたづけまで一緒に楽しむように指導してほしい。

二　食事を待つことの快さの学習

人間の学習は、機械のようにすばやくはない。けっこう無駄なことも多い。食事を待っているなんて、実に無駄なことだと思われるが、この待つ時間こそ重要なのだ。待っているからこそ、そこに文化が生まれるわけだ。野生動物のように待たないでガツガツ食べていたら、そこには文化的な食事というものは育たない。空腹の快さと満腹の楽しさを感覚として繰り返し体験すべきである。

三　時間管理をするな

給食を何分で食べなさいなどと時間管理されている学校があると聞いたことがあるが、そのような場面では文化は学べない。時間内に終えることが目的意識になってしまうからだ。大人の弁当の時間と違って、子どもには充分な食事時間をあたえなければならない。

四　子どもの側から食生活の点検を

子どもたちに、食事というものが自らの発達にどういう役割を果たしているのかについて科学的に理解させることによって、自分たちの日常生活をふりかえらせることも大事だと思う。例えば、おやつとか、買い食いとか、夜食の問題などである。あるいは、空腹感や満腹感の大切さなどについても。

3 「問題児」の問題は決して彼らだけの問題ではない

現代っ子は、やっぱり変わっている

ある養護の先生から「保健室で子どもたちをみていると、随分変わってきていると思うのですが、それは事実でしょうか。昔だっていじめも暴力も登校拒否もあった。それをいまは大騒ぎするからよくない。子どもはちゃんと成長している。叱るところは叱り、大人がしっかりしていれば心配ないのだなどという意見もあるでしょう。そんな意見をきくと、私たちの見方が偏っているのか、と考えたりするんですが」というような趣旨の質問を受けたことがある。これはとても重要な質問だと思う。

しかし、私は、事実問題として、現代の子どもたちは、私たちが子どもだったころと違っていると思う。この先生の質問を機会に、現代の子どもたちの特徴を思いつくままに列記してみようと思う。現代っ子の特徴を事実としてきちんと把握しておくことは、私たちの診療室や学校の保健室でみられる「問題児」の病理を理解する上でとても大切な事柄だと思うからである。

一　まず、外見がよくなった。皮膚がきれいに手入れされている。つまり、身ぎれいで清潔であるという点である。

鼻たれ小僧もいないし、首筋にアカのある子も手足のあれている子もいなくなった。どんなにドロンコになっても、毎日お風呂に入り、翌日は洗濯のきいたこざっぱりとした洋服で登校してくる。汚すことを嫌い、汚れているものに触れることを避けるようにしつけられている。これは、自然からの遊離であり、あまりに行き届きすぎた人体の人為的管理ではないだろうか。

高校生にもなれば、ポケットにブラシをいつも入れていて、電車の窓でたえず髪の手入れをしているなどという光景もまれではない。

本来、きれい好きというのは、汚れたものをきれいにするという努力を厭《いと》わないことを指していたのに、現代っ子のそれは、汚いものを避ける、きれいなものを求めるという要求の強さに変化しているといっていいだろう。

その結果、異常な潔癖性、敏感な皮膚感覚、些細《ささい》な物理的刺激に対する身体反応（吐き気、気持ち悪い、漠然とした痛みなど）を発生させやすくなっているのではないだろうか。また、このような自然から遊離して人為的に管理された清潔な生活は、子どもの生活体験を人工的な枠組みの中にとじこめることによって知覚や認識の発達にも影響しているだろうと考えられる。自分が自然の中に同化して体験する（それは決して清潔ではない）ことをこわがり、嫌悪し、拒否する反面、テレビや机上の学習による知識を得ることによって「わかった気」になる傾向と表裏の関係にあるだろうと思う。

二　物質を本質的に見ようと努力するのではなく、外見や気分で評価する傾向が強まっている。

人間の本来的な好奇心は、物事の本質的理解への欲求へと深まるものである。大人のように物事を利害や偏見によって見方がゆがめられる前の子ども時代は、物事の本質を理解することで大きな喜びを体験するということも多いはずである。それが学習、成長の糧であるはずだ。

ところが、「かっこいい」「かわゆい」「ダサイ」「くさい」などの外見的評価で物事の価値を決めてしまったり、「かったるい」「ピンとこない」「関係ない」などの気分的言語で自らの行動を抑制してしまう傾向が、現代っ子の多くにみられる。「なぜかっこいいのか」という深まりすらない。つまり、思考の深まりがない。だから、会話も表層的でしたがって、相手の思考に関心が向かわず、相手の感覚、つまり相手も「かっこいい」と思うかどうかというレベルをとても気にする。物事の判断や評価も、皮膚感覚的に表層化しているといってもいい。皮膚感覚の共通したところで、子どもたちは群れており、それぞれの個性を確かめあって仲良くなるということが少ない。

だから、ささいな皮膚感覚的評価の違いや行き違いで、簡単に群れはくずれ、人をはじきだす。あまり意識的でない「いじめ」にこの傾向が強い。

あの「むかつく」などという表現は、まさに思考することを拒否し、生理的皮膚感覚的にすべてをブロックする姿勢をしめしていると思う。これでは、物事を本質的に理解するとか、物事の概念をより正確にしていく学習などがすすまないのは当然である。

たとえば、ある高校生の、「あの先公がむかつくから、数学がわからなくなっちゃった」などという言葉を聞くと、いったいこの子の過去の一五年間の知的発達はどれだけ積み重ねられていたのだろうと、悲しい思いをするのである。

三　子どもらしい正義感、友情、同情、やさしさなど情緒的特性が希薄になっている。

人間関係が形式的であり、傍観的無関心が強まっている。それでいて一人ひとりは孤独で不安感が強く、群れていることを求める。おそるおそるグループがつくられ、一度できるとくずれることを恐れて排他的になる。そんなグループの中では、学年が変わってもクラスが変わってもしっかりと結合した友情が続くというような友情関係は育っていない。

人間の子どもらしい生き生きとした感情が育っていないので、むしろ家畜化された感情とでもいえる状況である。つまり、一見明るくて仲良しなのだけれど、表面的で淡いのである。このような状況の中で、むしろ真剣に人間的であろうとする子が、逆に不適応に陥り、落ち込んでいくということも生まれるのだ。

四　大人を尊敬しなくなり、大人に対する反抗が爆発的である。

大人がきわめて身近にいるにもかかわらず、大人のすばらしさ、大人の偉大さが見えていない。もちろん、現代の大人が子どもから見て尊敬に値するかどうかは別に論じなければならないが、現代っ子の相対的な特徴として、大人の身近な行動を表面的に見るだけで、大人というものを深く見つめていない子が多いように思えるのだ。そういう子の大人に対する要求は、三歳児のように自己中心的で、きわめて物理的な要求であることが多い「うるせエ」「あたまにくる」などと、感覚的な反発で、それ以上の思考を拒否する（確かに、そばにいても、子どもの「うるせエ」というのが理解できるような大人のかかわりかたの問題もおおきいのだが）ことも多い。

かつて、大人に対する反抗は、大人の不正に対する抗議であった。子どもらしい正義感、自らの発達要求にうらうちされたそれなりの理屈があったと思うのだが。

五　大人になりたくない子どもが増えている。

子どもたち自身、発達しているという実感が持てないようで、したがって、また発達の到達点としての大人が見えなくなっているのである。大人のあくせくした決して生活をエンジョイしていない様子を見て、多くの子どもたちが、子どもの世界の決して満足はできないが、それでも大人の世界に比べれば気ままで安易な世界につかり込むしかないとあきらめる。自らの成長意欲を駆りたてるような大人に出会えず、自らの枠を打ち破るだけのエネルギーをもたない多くの子どもたちが「大人になりたいと思わない」という。これも、またかつての子どもたちには想像もできない事態ではないだろうか。

ここに列記した事実は、いかに現代っ子の未来を楽観的に想像しようとする人びとにも否定できないことではないだろうか。そして、私は、大人は所詮子ども時代の発達の積み重ねの到達点である以上、これらの事実は、未来の大人たちの特性が決して楽観できるものではないと憂慮するのである。

発達をゆがめる環境の問題

では、なぜこんな事態になってしまったのか、現代の子どもたちの育っている環境の問題を考えてみよう。

①かつては子どもの生活と大人の生活は別々の機能によって動いており、時間、空間、文化などのあらゆる面で子どもと大人の間にはけじめがあった。現在は、多くの家庭で子どもの生活と大人の生活が密着

して、しかも、大人の生活の中に子どもの生活が完全に巻きこまれてしまっている。生活リズム、文化(少年マンガ雑誌がよい見本)、大人と子どもの差の軽視(友だちのような父親など)などが、子どもの発達にふさわしい環境づくりに役立っていない。

②生活リズムが、一人ひとりの子どもの発達段階にふさわしく保障されていない。夜型の生活、睡眠の絶対量の不足などが、自律神経系の安定を妨げ、「朝からあくび」という無気力の状態をつくっている場合が多い。

③子どものあそび、勉強などの環境条件が物質的飽食の状態にある。子どもの知的好奇心が何かを探し出す前に、目移りするほどの物質が与えられ、子どもが自らの行動によって納得、感動する前に、努力抜きに結果が与えられるような仕組みがつくられている。このような物質的飽食状態の中で子どもは、一の努力で十の結果を期待することに慣れ、あそびを創造したり、困難を乗り越えて達成感を味わうという苦労を面倒くさく思うようになる。あそびが労働の練習でなくなっている。したがって、あそびが発達の手段としての役割を失いつつあるといえる。

④大人が、お互いに信頼しあい、子どもがきちんと発達していくのを温かく見守るという環境づくりに協力しあっていない。学校の機能、親と教師の協力、家庭の役割など、子どもの育つ環境はとても悪くなっている。学歴主義、管理主義にほんろうされた大人たちが、子どもたちの発達をゆっくり見守る余裕を失っている。

子どもの育つ環境の問題は、もっと総合的に、見直されねばならない。ここに述べたことは、まだ一部分を抽象的に述べたにすぎない。

保健室をたずねる「問題児」とは

発達途上にある子どもたちが、私たちに見せる問題行動は、きわめて多様で複雑である。決して古典的な精神医学の教科書的な理解は通用しないし、してはいけない。また親の愛情が足りない、過保護、過干渉のせいだと、抽象的に身近な大人の育児姿勢を批判するだけでも解決できない。子どもの育つ物質的環境、身近な大人が与える心理的な影響、生活リズムなどの生理的条件などが複雑にからみあっておこる精神発達、精神状態のゆがみとして、総合的にとらえる必要がある。

そのために、問題をもつ子（問題児）の訴えの中から主要な問題を見つけ出し、その背景をさぐることが大切である。多くの問題点を羅列的に記述するだけでは、精神のゆがみを本質的に見ることができないし、そのゆがみの背景を科学的に分析することができない。主要な問題点となりやすい項目を説明しよう。

①不安感。不安感とはきわめて漠然とした気分である。「学校に行きたいけど行けない」「教室に入れない」などという子の心を支配しているのは、この不安感である。不安感は、「あれがきらい。これはいい。その理由は」というように特定した対象に対する感情でないだけに、自分でもどうしていいかわからない。だから、子どもは、その不安感を説明できないで（不安という言葉の概念は、大人にならないとわからない）、自律神経を介して吐き気や腹痛などの漠然とした身体症状で自覚される。

当初は、「いじめられるのがいや」と、一見理由が明確なように見える場合も、しばらくすると（たとえ、いじめられることがなくなっても）漠然とした不安感が支配してしまう場合がある。それは、自分というものに対する信頼感（自信といってもよい）が十分に育っていない子に多い。

不安感の強い状態のときに、それを乗り越えなさいといっても、それはできない。いかに安心感を与えるかが重要である。学校に対して不安感を持つ場合、往往にして家庭でも安心感がないことが多い。まず家庭の中で、本人が安心感を感じるようにする必要がある。そして、次に保健室とか、放課後の担任のそばとか、不安でない範囲を広げていくのだ。そして、そういう安心感の保障の中で、その子自身が自らの力に頼って安心感を少しでも確保できるようになるのを支持的に見守ってやることが必要である。

②無気力。気力がないという言葉も、子どもは自ら自覚できるものではない。なんとなく「面白くない」「楽しくない」と表現する場合もあるが、大概は外から見て評価できるものである。だから、子どもに気力をだしなさいと注意しても、子どもは具体的な指示で一時的に能動的に動くように見えるけれども、次の瞬間元の無気力状態にもどってしまう。気力のない子に気力を出しなさいということは、第一ないものねだりである。

すべての物事に無気力であれば、その子は病気である。しかし、そのような子はまれだと思う。大概、無気力が問題になるのは、勉強とかお手伝いとか身辺処理とか、大人がもっと能動的であってほしいと思う課題に対してである。「うちの子はオートバイに夢中で、勉強をしない」とか、「テレビやゲームには目がないんですが」という、いわば困った行動をともなっている。オートバイやテレビは大きな努力を必要としないで時間を消費できる機械である。自らの発達要求を自覚できず、能動的に行動して自ら感動を味わうなどということを忘れてしまった子どもたちは、こんな時間つぶしが役に立つのである。

子どもに気力を出させるためには、子どもの知的好奇心を十分に刺激できなければならない。学校の授業は、子どもたちからみて面白く、意外性に満ちていなければならない。最初はいやいやであっても、やってみたら面白かったといえるような達成感のある体験を何回も味わわせる必要があるのだ。そういう子ども自身の感情体験を抜きにして気力というものは育たないのである。

ここでもうひとつ重要なことは、環境である。努力しないで時間つぶしのできるものが周囲にあってはよくない。テレビやファミコンの禁止を含めて時間つぶしになるような機械は、子どもの育つところからしめだす必要があると思う。さらに、大人の指示を少なくすることである。子ども自身が自分の体験を通じて、すべてを学んでいく習慣が形成されないと、気力はつづかない。制服や廊下の歩き方、あいさつの仕方まで管理されて、指示のもとでしか行動できない環境におかれた子どもは、自ら努力をすることをおっくうがるようになる。欲求不満をぶつけたりするが、建設的な気力は生まれない。まるで家畜のようになる。

もっと子ども自身の行動を自由にし、そして信頼しよう。子どもの行動の広がりの保障、その中での達成感の体験のくりかえしが、子どもの気力をつくるのだ。

③不完全燃焼。子どもは本来発達する力を潜在的な可能性としていっぱいもっている。その潜在的な可能性は、「好奇心―行動―納得」という行動プロセスの中で燃焼していってはじめて能力として顕在化される。自らの好奇心に基づいて行動に駆りたてられている時、子どもは生き生きと目を輝かせ、学習も前

進する。そうでない時、つまり受動的で自らの燃焼感のない時、いわゆる不完全燃焼症候群に陥る。つまり、チック、指しゃぶり、爪かみ、自傷行為などである。

たとえばテレビなどを一心にみていると思われる場合もチックなどは多い。テレビの観賞は、決して子どもの心を完全燃焼させるものではないのである。子どもは自らが燃える何かを求めている。先に述べた無気力現象を打破することと同じように、子どもたちの好奇心をひらかせ、のびのびと行動させ、達成感のある体験を豊富に与えることが大切である。

④自律神経症状。「頭がいたい」「気持ちがわるい」「おなかがいたい」「足がいたい」「からだがかったるい」など、漠然とした自律神経症状を訴える子が多い。病院で検査しても器質的な病変はなく、機能的なかなり気分的なものだろうと判断される。こういう自律神経症状は、概して朝から午前中に多く、登校拒否などの理由づけになりやすいので、心理症状と評価されることも多い。たしかに学校に対する不安などが引き金になって出現しやすい。

しかし、必ずしも不安、緊張などの心理的症状としての自律神経症状ばかりでなく、慢性的にでやすくなっている子もよく見られる。こういう子の場合は、生活リズムをよく調査する必要がある。夜の就床時間が小学生で一〇時、一一時という子がいる。朝は自分から自然に覚醒するということがまずない。慢性的に寝不足になっていて、だから身体を動かすことが大儀で、運動不足になる。食事も親のつくった食事よりも家畜的なスナック菓子を好む。こういう生活リズムの乱れによって自律神経症状が出現し、それが無関心、無気力などの生理的な条件となるのである。子どもは、一〇時間以上眠らねばならない。よく眠り、よくからだを動かして（行動）きちんと家族と食事をするという生活リズムを堅持することによって、子どもの自律神経系は安定し、防衛体力がつき、疲れにくい丈夫な大人に成長するのである。

先にも述べたように、大人の生活リズムのゆがみの中で子どもの生活リズムの大切さが軽視されている。今後、子どもの生活リズム（発達に有効な）を中心に、家庭の生活習慣をつくることがとても大切だと思う。

⑤こだわり。先に述べた潔癖症なども、一種のこだわりであるが、「いやだ」「汚い」「気になる」などといったら、とことん拒否的になってしまう。学校へ行けない子は、家にいても学校へ行っているのと同じくらいに、外出できない。他人の目にこだわる。「汚い」と思ったら二度と触れない。自分できれいにするということは拒否しながら、いつまでもその物にこだわる。

思考が柔軟でなく、皮膚感覚的なところできわめて敏感なのである。別の考え方、とらえ方のあることをすすめても、思考することを拒否している。

気分を安定させ、弛緩《しかん》させ、安心感を与えるとか、全く違った環境において今までの思考、認識のパターンをくつがえすとかの働きかけが必要になってくる。

以上、さまざまのケースの中でよく見られる主要な問題点を説明した。ケースの様子をみて、その行動の中から主要な問題点を発見して、その背景をさぐっていくと、その他の多くの症状の理解もしやすいと思われる。もちろん、ここに列記したのは、私の臨床で強く感じているものにすぎない。もっと他にもピックアップすることは可能だろう。多くの人の観察でこういう項目を豊かにしていくと、子どもの発達病理の診断学を豊かにすることになるだろう。

おわりに

現代の子どもの育つ環境は、全面発達を促す環境とはいいにくい。子ども文化のエログロ化、子どもを物質的飽食状態に陥れている商業主義、子ども社会の民主主義を抑圧している管理主義教育、子どもの多様な可能性を否定する学歴、偏差値教育など、大人の責任は重い。子どもの育つ環境をつくりかえる運動をすすめねばならない。同時に、私たちは、日常生活の中で、もっと子どもを大事にする努力をしなければならない。子どもの感動を共に喜び合える心の余裕をもたねばならない。子どもを信頼し、子ども自身が自らの未来をきりひらくのを温かく見守ってあげなければならない。そして、大人自身が、子どもの健全な発達を心から願い、献身的になれるように、いつも自らの心身の健康に留意しなければならない。子どもから見て、そこにいてくれるだけで安心できる、何かあったときに必ず頼りになる大人で、私たちはいつもありつづけねばならないと思う。

4　子どもの生きる力——自立をめざして

先ほどの高校生のすばらしい劇を見て、本当に感激しました。ああいう、自立している高校生たち、すばらしいと思います。しかし、私の病院へは、先ほどの自立的活動をしている高校生と違って、心悩んでいる子どもや大人たちが来ます。この瞬間でも問題は深刻に進行しているわけです。

私がいつも思うことは、診察室の中で、解決できる問題はごく限られているということです。とくに子どもの問題は大人のようにはっきりとした問題意識をもって診察に来るケースはほとんどないわけですから、子どもの〝つまらない〟〝学校へ行くのが恐ろしい〟という心は診察室だけでは治らない。その子どもが生きている家庭や学校や地域で治していかなければならない。人間の生きる力を育てる問題は、決して病院ではなく、子どもが生きている環境の中でしか解決できないと思うのです。

子どもをみる場合、一番大切なことは、子どもの生活がどんな生活であっても、その生活を通じて、その子が大人になったときに自立できる力をきちっと身につけていくこと、私たち大人はそのことに力を注いでいかなければなりません。

例えば、登校拒否の子ども、お母さんの心配は、いつから学校へ行くかとか、どんな働きかけをしたらよいか、そういう相談が非常に多いのです。しかし、私はそういう問いに答えることはできません。お母さんに考えてほしいのは、そんなことではなくて、この子が大人になったとき、本当に自立することができるかどうか、そういう目で見てほしいのです。そして、そういう自立する力を見つける方向で子どもが歩み始めたとき、副産物としてその子は学校へ行くようになるでしょう。つまり、自立する力を育てていくことを抜きにして、症状だけにとらわれてハウ・ツー的に何とか対策を立てようとすることは絶対に失敗する。僕はいろいろな子どもたちを見ながら、そんなふうに確信をもちました。

一　自立した大人として必要な「生きる力」とは生活者としての自立の要件

大人になったとき、自立するためにはどんな力をもっている必要があるのだろうか。子どもを育てる場合の目標を私たちはしっかり持たないといけないと思うんです。まず第一に大切なことは、自分が生きていることに喜びを感じることです。

自分が生きていることに喜びを感じることは、言葉を変えれば、自分を好きということでもあります。自分を大事にしたいと思うこともできます。そういう大人は前向きです。ちょっと辛いことがあっても、前向きに考えることができるし、また、楽天的に物事を処理することもできるわけです。生活者として自立するためには、単に何かができるということではなくて、自分を肯定する、自分が好きだ、生きていることが喜ばしいと、そんなふうに思えることがまず第一に大事じゃないかと思います。

第二に、健康を自覚して丈夫であることです。自律神経の安定はとても大切なことです。例えば、朝起きたとき、〝ああ、よく眠ったなあ、きょうは気分がいいぞ〟と元気で気持ちよいときは自分が生きているということを肯定することもできます。ところが、起きたときから、〝ああ、きょうは頭が重いなあ、ムカムカする。学校へ行くのいやだなあ。何かお腹の調子もわるいみたい〟と、こういう自律神経ではがんばらなくてはという力がわいてきません。夜はよく眠れ、朝は気持ちよく目が覚めて、ごはんがおいしい。そして力がわいてくる。自律神経が安定していることも生活者として自立するためにとても大切なことです。

第三に自分の考えに自信を持っていること。生活者として自立していないいろいろな若者がいますが、そういう若者は二〇代になっても、いろんな面で親にカバーしてもらう。朝起こしてもらう。洗濯や朝ごはんをつくってもらうなど、いろいろなことをやってもらいながら、それでいて非常に文句が多い。

自分に確信を持っている人は、他の人と合わせることもできます。妥協をすることもできる。人に合わせても自分を失ったりしない。しかし、自分に確信を持っていない人は、人に合わせていって、自分で判断しないでズルズル巻き込まれてから、あなたが誘ったから悪いというように人のせいにしたり、責任転嫁したりする。そういう人は、しっかりと頼りになる人ではなくなってしまうわけです。環境に自分を合わせることができると同時に自分を失わない。そんなことも大切だと思います。

自分を管理する力。例えば、「今晩飲みに行こう」と言われたとき、「いや、一緒に行きたいけど、明日早く起きてしなければいけないことがあるから、きょうは失礼するよ」ときちんと断ることができる。こういう力が育っていかないと、生活者として自立できないことをまず確認したいと思います。

では、生活者として自立するための力は、いつ、どこでつくられるのでしょう。それは、二〇年間という子ども時代につくられるわけです。大人になったあるときに、こういう力がぱっと生まれてくるわけではありません。あるいは生まれつき、遺伝の法則に基づいて、いつの間にか静かにつくられていくというわけでもないのです。あくまでも、子ども時代という社会環境の中でつくられる。私たちは、子どもを育てることを二〇年間かかって自立できる大人をつくる事業だと考えなければならないと思います。自立できる大人をつくれる場合もあるけど、自立できない大人をつくってしまう場合もある。だから、私たちはこの二〇年間を本当に利口に賢く、科学的に追求していかなければいけないと思うのです。

二　現代の子どもたち

「背中グニャ、朝からあくび、すぐ疲れたという」

ここであげた子どもたちの現状は、すでにみなさんが現場で発見し、警鐘をならしていらっしゃることです。背中がグニャっとしている、朝からあくびがでる、すぐ疲れたと言うなどということは、自律神経が弱いということです。例えば、小学一年生で机の前にしゃんと座れない、きちっと背骨を伸ばして立てない子どもは、幼児期から寝不足です。目をキラキラ輝かせて何かに没頭する、集中するというふうな、いわば交感神経の緊張の度合いの非常に弱かった子どもです。ダラダラしているけれど、物事に対して非常に敏感で反応しやすい。ダイナミックな生活のリズムを幼児期に経験することが非常に少なかった子です。現在の小学生や中学生のからだの問題は、基本的には乳幼児期の生活リズムが重要なポイントになるだろうと思います。

「給食をおいしそうに食べない」

給食がおいしくない。食べるけどつまらなそうに食べる。学校給食が大好きな子は、本当に生き生きしています。そしてそんな子は、味覚も発達しみんなと一緒に食事する楽しさを味わう、食事が快感になるわけです。これは大人になってからも大事なことです。大人になってからの食事の食べ方も生まれつきではありません。二〇年間の子ども時代の結果なのです。食事も、その子の性格、生きる力が現れると思います。

「感情の振幅が大きい」

感情の振幅が大きいのも、いまの子どもたちの特徴です。静かにしていると思うと、キーって声を出したり、ちょっとしたことで「うるさい」と大声を出したり、穏やかじゃない。静かなことが穏やかさとイコールではない。抑制された静けさです。お母さんが、「勉強したの？」と言っただけでその抑制がはずれる。「うるさい。お母さんがうるさいから勉強しない」というふうに感情的に反発してしまう。この感情の起伏の激しさには本当に驚きます。

子どもは本来、気分はずっと、わりと安定しているものなのです。不愉快なことがあっても、全体として気分がよければ、不愉快なこともまあいいやと、それほど感情的にならずにすむ、それが普通の情緒というものです。

「異常なきれい好き」

きれい好きということも問題です。例えば、蚊やハエやゴキブリなど、そんなものが一匹でもいたら大騒ぎ。奇声を発して逃げ回る。これは、小さいときから清潔に育てすぎているからです。清潔な環境の中で、きれいに育てられてしまい、その子は汚いものをきれいにするということを学習しないできたわけです。きれいであることだけを求める。汚い所は全部お母さんがふく。そういう子は、清潔と不潔という感覚がしっかり育っていないために、なかには、不潔恐怖症になっていくケースもあります。

不潔恐怖症は、かつては二〇歳以上になって発病すると習いました。ところが、最近は中学生ぐらいから多く発病するのです。人が触った物には一度ティッシュか何かで拭いてからじゃないと触れない。そんな異常な潔癖症、不潔恐怖症が増えているように思います。不潔恐怖症が低年齢化しているのは、きれいにすると気持ちがよいという、実感の体験が少なくなってきているからじゃないかと思います。

「なんでも聞く」

「先生、どちらがいいですか？」「自分で決めなさい」「僕はこっちがいいけど、先生もこっちでいいですか？」なんて何でも聞く。大人に確認しないと何か安心できない。なぜこの子は自分で考えないのだ、と思わざるを得ない子どもが増えている。こんな子どもたちが大人になったとき、自立する力をつけているだろうか、不安です。そういう子どもは、まわりの環境を変えてやらない限り、問題を持ちつつ大人になっていくわけです。だから私たちは、その子が大人になるときに必要な生きる力をもてるようになるかを、早い時期にきちんと判断し、問題点を発見し、親や担任の先生とも協力して治していかなければ、後悔することになりかねないわけです。

三　発達のプロセスのなかでの五つのチェック・ポイント

さて、子どもの生きる力を診断する上でどういうところをチェックしていけばいいのか。

生きる力というのは、成績とか体力テストには現れないけど、しっかりした目をもっていれば日常の生活の中でみつけることも診断することもできます。診断したらなぜそうなのかを考え、ちゃんと回復するよう働きかける。そのためのヒントとしてのチェックポイントです。

「子どもの好奇心が外に向かっているか」

まず、子どもの好奇心が外に向かっているかです。好奇心が外に向かっているときには、外界の刺激が心の中に入ってきます。〝なんだろう面白そうだ〟と思うのが好奇心が外に向かっているということです。そのときに、外界の刺激は心の中に入ってきます。面白そうだな、やってみようと行動が展開される。好奇心が外に向かわなければ、子どもの行動は展開しないと考えてもいいくらいです。子どもに聞いてみると、〝休みたくなるけど義務教育だから行く〟と言います。義務教育だから行くと子どもが思っているのはかわいそうです。子どもは、〝学校が好きだから行く〟とあってほしいものです。

子どもの行動は、好奇心と結びつく必要があります。勉強にしても、遊びにしても、好奇心と結びついたとき、初めて子どもは能動的になります。子どもの意欲を育てようと思ったら、子どもの好奇心をひきつけなければならない。そして、さらに必要なことは、その好奇心が持続する時間を保障しなければいけないことです。好奇心や意欲が育つためには、時間という関数が必要なのです。そのことが、無視されて、フラッシュカードが使われている。パッパッと見せて刺激すれば子どもの脳に入っていくと言われる。そんなことは絶対にありえません。それは、単なる瞬間的な記憶にすぎないわけです。子どもの頭を本当に鍛えるためには、好奇心が持続しなければならない。好奇心の持続は別の言い方をすれば、集中していると言います。例えば、昆虫などを観察しているとき、昆虫がじーっとしていると、子どももじーっとしている。昆虫が羽を広げると、〝広がった！　きれいな羽だ！〟と見ています。好奇心が持続している。観察という集中が続いているのです。集中力を育てるためにも、やはり時間が必要です。意欲や集中力は好奇心が持続するという条件があって育つものなのです。刺激がたくさんあって育つものではありません。

また物がたくさん与えられると好奇心は分散する。一つのことに意欲的に取り組まない。物はできるだけ少なくすることです。おもちゃもファミコンも。ファミコンなんかでは絶対に育ちません。テレビもドリルも宿題も通信教育とか赤ペンとか何とか言うもの、そんなものはいらないのです。子どもは、〝僕、ひまだよ〟と言えるような時間が必要なのです。

そしてもう一つ、与えることを少なくしなければいけないもの、その最大のもの、それは大人の口数なのです。これは、もっとぐーっと少なくしてほしいです。

私は、お母さんたちによくこういいます。〝子どもたちに話すときに考えてから話していただきたい〟と。考えてからです。考えながらではだめです。非常に多いのは、しゃべってから考えるという人です。考えてからしゃべっていますという人の中にも、しゃべってから考える人が多いのです。中には、しゃべってからも考えない、これはもう全然ダメ、最悪ですね。子どもと口を利くときは、考えてから、しゃべるということをぜひ教育していただきたい。

先生方もぜひ考えてからしゃべっていただきたい。学校でも大人がよくしゃべります。口数が多いのです。そうすると、子どもは自分で考えることよりも聞くことが多くなるからです。

子どもが何かに好奇心をもって、好奇心に引きずられて、好奇心が持続して、そして最後に〝うん。わかった。面白い。これはこういうことだったんだね〟。このわかったと子ども自身が言うこと、これが大切です。つまり、納得するという体験です。好奇心が育つためには、誰にも干渉されないで、時間がたっぷりあって、お母さんも先生もあれこれ口を出さないで、子ども自身がよく観察して、そしてわかったと言える納得です。好奇心の対に納得という体験が必要です。

そして、意欲のなくなった子どもを動かすのは、本当に大変なことなのです。しかし、それをやらなければ、その子どもは意欲的に変化することはほとんどないのです。子どもの好奇心や意欲の度合いは、小さいときに気づく必要があります。この子は何となく消極的だし、一生懸命がんばろうという喰いつきが弱いなど。あまり育っていないというのは、できるだけ小さいときに発見され、そしてその子が、〝お母さん、面白いね〟〝先生楽しかったよ〟と言う。そんな体験をたくさんつくっていくことが大切だと思うのです。子どもの発達上の問題点は、気づくのが早いほどよい。遅くなってからでは大変だと痛感します。

「行動に安心感があるか」

私たち大人でも、安心感がなければ行動できない。これは、自信とも違う。できることだけしかやらないとしたら、人間は成長していかないわけです。〝できるかもしれない、できないかもしれない。できなければできないでも大丈夫、もう一回やればいい、何か次の手があるかもしれない、やってみよう〟これは自信ではなくて安心感です。自分に対する信頼、人間はそういうものがあって向上するわけです。

大人は、そういう自分に対する信頼とか安心感を自分ひとりでもっています。だけど子どもは、大人が安心感を与えなければいけない年齢なのです。大人に保護され、たっぷりと安心感を与えてもらっていることが子どもの条件でもあります。

いま、登校拒否の子どもが非常に増えていますが、そういう子どもたちも安心感がないために行動できないのではないかと思うのです。子どもが学校の玄関まで行くけど、その先へ行くと何か恐ろしい、自分がのみ込まれてしまいそうな恐怖感や不安感を感じるとき、子どもは学校へ行けないわけです。だけど保健室へはいける。勉強も強制されることはない。他の子どもたちと競争することもない。強い威張っている子にビクビクすることもない。安心感がある。だけどそこから一歩外へ出ると、また不安感。何が起こるかわからない。子どもが保健室からなかなか外へ出られないということはよく聞く話です。子どもも時代は、大人がしっかりと安心感を与えることによって、子ども自身が安心感をつくる力を養います。

気をつけなければいけないことは、安心感と甘やかしとは違うということです。子どもが暴力的になって〝あれも買え、これも買え〟と要求が激しくなる場合があります。いままで要求しなかった子どもが要求しているのだから経済力に合わせて、子どもの要求に応えていいでしょうと指導しているところがあります。これは、いわば甘やかしなのです。子どもの要求に親が無原則に応えてしまう。こういうふうに甘やかされた子どもは、自己中心的でわがままに育っています。家庭内暴力で本当にひどいことになっているケースがいっぱいありますが、最初のきっかけは、そういう甘やかしなのです。〝今回だけよ〟と買ってやる。子どもは、自分の要求を完結するための学習をするわけです。そして、自分の自我を反省するチャンスがなくなってしまうわけです。

子どもには、これは絶対やってはいけないのだという点では、妥協しない。そういうけじめみたいなものが与えられる必要があります。大人が壁にならないといけないときがあるわけです。例えば、おもちゃを買わないと言ったら、おもちゃ屋さんの前でどんなに暴れても、大声をあげても知らん顔をして買わない。絶対に買わない。すると、子どもは〝うちのお母さんは買わないと言ったら絶対買わない。けちんぼだ。だけどいざというときは頼りになる。僕は、お母さんを尊敬している〟といいます。子どもは、こういうふうに学習する必要があります。

何でも思うように、買ってもらえる子どもは、自分のお母さんを自慢できない。むしろ自分の圧力に負けていくお母さんが頼りなくてしようがない。どこかで止めてくれる、壁になってくれるお母さんでいてほしいと思うのです。

子どもには一定の壁が必要です。〝子どもって不自由だな〟と思わせるような壁があることによって、子どもは安心しておれる。世界の中で、お父さんやお母さんに守られている安心感の中で、子どもは成長することができるのです。安心感は、物を与える必要は全くない。ただ、にこにこ笑って黙っていればいい。それだけで十分安心を与えることができます。しゃべらないほうがむしろいいわけですから。こんな楽なことはない。甘やかしと安心感は違うのです。

「物事に感動する力があるか」

物事に感動する力。これも大切なことです。人間が生きていく上では、感動できなければ楽しくないですね。大人になって感動できない病気、うつ病があります。これは、感情の交流ができない病気です。しかし、子どもは、頭脳がまだ発達していないから、うつ病なんかありえません。子どもは、楽しいことなどを体験して感動していきます。感動する体験がないと毎日が楽しくない。体験がないために感動する力が育たないこともあるわけです。子どもには、感動する体験を与えなければいけません。その一つは、さっきお話しした納得するということです。〝わかった〟というのは、感動体験です。感動体験をたくさん経験した子どもは大人になったとき、感動することを求め、感動することのできる力をもつのです。感動できるというのは生まれつきではありません。子ども時代にたくさん感動したからです。納得してやったあという達成感、たくさんもらってありがとう、いっぱい遊んで面白かったという満足感。そんな体験がいっぱいあったのです。学校で、授業の中で感動しないとだめなのです。あの先生の授業は面白かったといえるような授業をぜひ展開してほしいのです。保健室の先生もそうです。家庭でもそういう感動が必要です。いま、家庭で感動がすくなくなっています。だから子どもが画一化してくるのです。家庭ほど多様な世界はないわけです。

親と子が感動を共有する場になっていかないといけないと思うのです。だけど、お父さんもお母さんも忙しい。子どもと一緒に過ごす時間がない。そこで感動を下請けに出す。サッカーチーム、野球チーム、習い事、ピアノ、算数、英語、そんなところに感動はありません。お父さんたちには、家庭サービスという言葉があります。家庭サービス、よくない言葉でしょう。自分も家庭の一人なのですから。家庭サービスじゃなくて、子どもといっしょに感動を楽しまなくてはいけないのです。それなのに、〝おれ、昨日家庭サービスで疲れた〝と男は言う。男をそういう意識にさせてはいけない。もっと親子で共有できる感動を、そんな話をすると、お父さんは、子どもをドライブに連れて行く。海へ行って「海は広いだろう。感動しただろう?」と言うのです。そんなのはだめなのです。お父さんは、もう老人に近いわけですから、見るだけで感動できます。けれども子どもは、見るだけではだめなのです。自分のからだを使うこと。子どもは成長途上にあるのですから、自分の手足を使わなければ本当の感動にならないのです。

もうひとつ大事なことは、子どもが感動しているとき、親も感動を共有するという余裕です。精神的な余裕。子どもが、「先生、これ見て。僕が作ったんだ。すごいでしょう」と言ったとき、「いま、忙しいの。あとでもう一回見せて」なんてだめですよ。どんなに忙しくても、ちょっと見てやって「わーすごい。君きれいなの作ったね」と感動を共有してやることです。感動を共有すると、子どもは満足して、「また作るからね」というわけです。

話はとびますが、登校拒否の子どもが将来、〝ようし、生きていこう〟と思うのも感動体験なのです。感動するチャンスを失っているわけです。暴力でファミコンを買ってもらっても、全然感動していないのです。学校へ行っていない子どもが、家の中で楽しい思いをしてはいけないのです。学校のことを考えて家から出られないわけですから、そういう子どもたちは、他の子どもたちとは無理だとしても、さしあたって、大人たちとでも、感動的なコミュニケーションができるという、何かをつかまないと、社会へ出て行けません。学校へ復帰する前に、こういう体験が必要です。この子どもに何らかの形で生きている実感を感じさせること、それがすべてのきっかけになると思うのです。

僕がこう思うひとつの確信を与えてくれたケースがあります。その子は、当時高校二年生。学校へ行かなくなり部屋に閉じこもってしまった。僕のところへ本人は来ないでお母さんが相談に来ました。お父さんに、「この子を外に出したい。お父さんの力を借りたい」と言いました。お父さんは、働き蜂ですから何をしていいかわからない。いろいろ考えて、そのお父さん一週間休みをとったんです。これはすごい勇気です。それで二人で南房総の海へ行きます。魚を釣る。二人で最初は黙って、口のきき方もわからなくなってしまっているところがある。朝、船をやとって沖へ出る。大海原。夜明け、魚を釣ると釣れるのです。大きな魚が。子どもは初心者なのに釣れる。「お父さん、釣ったよ」と、子どもは大きな声で感動するわけです。からだを使った感動。子どもは大きな声なんか出したことなかったのに、大きな声で「釣ったよ。お父さん、どうしたらいい」なんて言う。私にとって感動的なのはその後だったのです。子どもは、こうして感動して帰ってきた。そして、玄関をガラガラと開けて「お母さん、ただいま」と帰ってきた。その〝お母さんただいま〟という声をもう何年も聞いていなかったことに気づいたというのです。いままでの生活があまりにも暗く沈んでいた。そのことに気づいたわけです。なるほど、こうやって子どもは、生きる力を失っていたのだとわかったというのです。その子は、あくる日から学校へ行ったかって。いや行かないんです。そう簡単じゃない。だけど、その子は、やっぱり生きていることを感じて、〝自分は働かなければ〟といろいろ葛藤しながらアルバイトに出ることができたのです。高校は中退して、通信の高校へ変え、二〇歳になって卒業したのです。彼は、僕に「これでやっと自立して生きていくことができると思えるようになった」と言ったのです。これでいいのです。そこまで来たきっかけは、やっぱり僕は生きているという何かを感じたときだったと思うのです。

子どもたちが、立ち直るのは、そういう何かのきっかけ、出会い、そのようなものだと思うのです。病院でも保健室でも解決できない。いろいろな出会いがあって、子どもは少しずつ大人になる。登校拒否の子を見ていると、大人がものすごくたくさんのネットワークをつくらなければならないと思います。子どもどうしが励ましあうのは非常に難しい。大人の安心感のあるネットワークの中で、子どもがたまたま行ったコンサートやハイキングで何かをつかむ。それが歩き始めるきっかけになるのです。物事に感動する力があるかという問題から、ちょっと離れましたが、感動を共有することが人間が変化するために絶対必要だということをお話ししたかったのです。

「自分の頭で、主体的に考えることができるか」

自分の頭でものを考えること。ものを考えることすらおっくうになっている子がいます。自分の問題をしっかりとらえていないケースも多い。学校へ行けないことをつらい、治したいと積極的な気持ちでくる子もいます。だけど、ほとんどの場合は、学校へ行けないことを困ったとは思っているけど、何とかしなければと深刻に考えてはいない。「どうしようと思うの?」と高校生くらいの子に聞いても「わからない」。何とか解決しようとして相談に来ているわけではない。〝わからない〟というのは、もう考えられませんという意味ですから。もうそれ以上追及しても無理です。自分の頭で考えられる子は、〝何とかしなければ〟と考えます。そして、塾へ行ったり、友だちと遊んだり、映画を観に行ったり、学校へは行かないけど、そんな積極性はあるのです。自分で考える子は問題意識を持つのですが、問題意識を持たない子が多いのです。そういう子が大人になったとき、自分の頭で考えられないから、言われたことしかしない。

例えば、「そっちが終わったのなら、こっちへきて手伝ってよ」と言うと、「それなら、最初に、それが終わったらこっちを手伝ってよと言っておいてくださいよ。最初に言わないのがいけないんじゃないですか」という感じです。指示待ち人間。指示されたことはやるけれど、自分で考えて積極的にそこにかかわっていこうとしない。どういうチームのなかで自分は何をしているかを考えない。マニュアル通りにやる。だからマニュアルがなければなにもしない。そういう若者が多いです。登校拒否を解決しにくくなった問題も、やっぱりそういう問題と関連があると思います。子どもに考える力をつけなければいけない。そのために私たち大人は子どもにもっと考えさせなければならない。

例えば、ある中学校で、男の子が先生のところへ来て「教科書忘れました」と言ってきた。先生が「えっ？　それで」と聞いたら、その子は「それだけです」。先生のほうが「それだけってことはないだろう。困っているんじゃないの」と言うと、「ええ、困っています。すみません」と席へ帰ろうとした。こういう会話は日常茶飯事であるということでした。私の診察室と同じです。先生が「それで？」と聞いたらその次は考えていない。こういう場合もあります。別の先生は、教科書を忘れた子どもに「じゃあ、隣のやつに見せてもらえ」と言う。子どもは、「はい」と席に帰る。隣の子どもに「教科書見せろ。先生が見せてもらえと言ったんだから」と。変な話です。だけど、理屈はあっています。自分で考えない子は、何でも人のせいにします。先生がそうしろと言ったからと。自分の責任をとらない。自分の頭でものを考えない子は、責任感のない子になります。そして、大人になっても責任をとらない。「あなたどう?」と聞いておいて「私が言ったんじゃない」と他人に転嫁してしまう。頼りない大人です。

学校でも、先生方はもっと考えてからしゃべってほしいと思うのです。教科書を忘れましたと子どもがきたら、「隣に見せてもらえ」と言えば早いですけど、でも「それで?」と聞いたら「じゃいいよ」と。それだけですから。でもその子は、「あの先公イヤミだ。おれが困っているのがわかってて何も言ってくれない」と言います。人のせいにするのです。それは、自分の頭で考える訓練がされていないからです。子どもには、もっと自分の頭で考えなさいと下駄を預けることをもっと経験させなければいけません。学校からも家庭からも、過干渉、過保護をなくしていかなければならない。そして子どもが自分でものを考える時間をたっぷりつくらないといけません。もっと暇にしないといけないということです。

「生活リズムと経済を管理する力があるか」

生活リズムと経済を管理する力。これは大人になったときに、とても大切なことはもうお分かりだと思います。生活者として自立するためには健康の管理が大切です。疲れたから早く寝ようとか、みんなとお酒をのみたいけどやめようか、というふうに自分を管理する。これも二〇年間かかって確立するわけです。子どもには、自分で生活リズムを管理しなさいと言ってはいけません。つくられた枠の中で、子どもは必要な生活リズムを身につけていくわけです。だからこの問題で、大人のすることは、壁をつくること、枠をつくることなのです。決まった時間に寝る、決まった時間に起きる、決まった時間にご飯を食べる、三六五日それを続けていくということです。子どもは、それに合わせてからだのリズムをつくっていくわけです。その間に子どもの脳は発達していく、成長していくのです。

経済もそうです。一ヶ月のお小遣い五〇〇〇円、その中でやりくりすることを小さいときから、しっかり学んでいかないといけません。だから五〇〇〇円といったら、それ以上お母さんは絶対に出さない。そういうことが大事だと思うのです。子どもは、そういう中でやりくりすることを学ぶわけです。生活リズムも経済も自分でちゃんと管理するその力を身につけた大人は、非常に堅実で、健康に気をつけ、他人にもきちんと責任を果たせるし、無理な約束や借金をしないというふうに、律儀な堅実な性格の人として評価されるようになります。

そういう大人に育てるには、枠、子どもが、子どもにとって不自由だなと思うようなことが、必要なのです。子どもにとって必要な不自由感というのは、生活リズムと経済だと思うのです。早く大人になりたいと思わせていいのです。

四　教師　親　科学者のそれぞれの役割と連帯

教師として

子どもの生きる力が育っていくために、私たちが気をつけなければいけないポイントを五つのチェックポイントということでお話ししました。だけど、いまの時代、子どもたちにとって何が一番大事かというと、次のことではないかと思います。学校の先生方にお願いしたいことは、子どもが学校へ来て〝学校にいるとほっとするな〟と思うようなそんな安心感のある環境をつくってほしいのです。

いま、保健室の中にしか安心感がないという学校が多くなってきています。しかし、保健室だけがオアシスでは子どもは本当に社会的な力は身につけていかないのです。保健室は安心感の場でなければなりませんが、同時に、他の教室も子どもたちにとって、安心感の場であるように、先生たちにぜひ話してほしい。子どもにとっての安心感と言うのは、子どもどうしではつくれないのです。大人が必ずつくらなければならない。つくる決意をしないと、子どもの世界はとても厳しい。いじめっ子、いじめられっ子、強い子、弱い子、そういう子どもたち全部をふくんでひとつのクラスがほっとしていられるのは、やっぱり大人である先生が、しっかり、どっしり、ニコニコ笑っていることです。

子どもが学校へ行く行かないは、子どもどうしの競争より、大人が安心感をつくっていないときに、崩れが早いように思います。このためには、やはり職員室に安心感がなければいけません。難しいことで、一人や二人にできる問題ではありません。大変でしょうけれど、職員室の中で先生方大人が本当に安心しておれるような学校になることが、ものすごく重要なことなのです。養護教諭という立場からも、大人の精神衛生について、ぜひアピールしていただきたいと思います。

親として

学校だけでも、家庭だけでも子どもは育ちません。親と学校の教師は手を結んでいかなければならない。家庭でやってほしいことは、やっぱり安心感のある家庭です。全体でほっとできる環境をつくる。だから、家庭づくり、家庭の文化をどうつくっていくかということが、これからの子育ての大きな課題になってきています。それを親にちゃんと話す人が必要なのです。子どものからだの健康問題だけではなくて、子どもの精神の健康を守るためには、家庭がはたさなければならない役割は、今本当に大きいということを。

科学者として

もうひとつは、相談機関にいる人や、科学者、教育評論家やカウンセラーという専門家たちが、いろんな意見を言って混乱させている問題があります。この面では、もっとディスカッションが必要です。大切なことは、子どもを育てるのは、二〇年間であって、決してそのときそのときではない。その問題だけの解決という対処療法で人間を処理してはいけないことです。子どもは、二〇年かかって大人になるという一貫した発達観を持って、自分たちが育っていることを、自己点検していくことが、いまプロといわれている人に一番要求されているのではないかと思います。保健室で、仕事をされているみなさん方も、いまだけでなく、この子が大人になったとき、どんな大人になるのかとみすえながらいくことが大切なのではないかと思います。

きょう、お話ししたことを参考にしていただいて、子どもが本当に育っていく環境をみんなでつくっていくのに、力をあわせようではありませんか。

（第23回全国養護教諭サークル協議会高知研究集会自主講座より）

2章　子どもの発達の法則

石田かづ子

1　覚醒《かくせい》からはじまる

ハーブのようなさわやかなめざめを

人間の一日の活動は、めざめたときからはじまります。「ああ、きょうはいいお天気かなあ。さわやかなハーブの香りのような朝だ」と脳がすっきりしてめざめる（覚醒する）といいかもしれません。そして一日の生活の終わりは、脳の機能をゼロにした状態で次の覚醒を待つのです。

脳のすっきりした覚醒は、いい眠りがあってこそあるのでしょう。いい眠りは人間の本能の部分が司《つかさど》っています。人間の本能は、「眠、食、性」にあるといわれています。それらは、生理的欲求であり、快感が伴うものです。「快感」って何だろうと考えます。心地よい気持ち、いいなあという気持ち、もっと楽しいことを想像できる気持ち、満足できる気持ちかなあ……いま子どもたちは、快感を司る本能の部分が育っていないのかもしれません。その「快感」を育てることをもっとも重視しなければならないと思います。子ども時代から育てなければならない基本的なものだということを「子どもの発達研究会」で学びました。

いま子どもたちは、「眠、食、性」が心地よいもの、快感として育ちえていないことをとりあげてみたいと思います。あるいは、大人は（子ども時代を過ごして大人になって）快感として獲得しているでしょうか。

「ぐっすりねむったあ、給食が早く食べたいなあ……」そんな子どもの姿は消えています。保健室に持ち込まれる子どもの両親の悩みの一例をあげても、セックスレスがある……など。子どもの実態からも、大人の悩みからも、子ども時代から本能が育っていない現れではないかと思うのです。子ども時代の発達の過程の課題ではないだろうかと思います。

子どもが育つ発達の法則のはじめの一歩「めざめる・覚醒する」快感としてめざめることから、話したいと思います。

〝ぼーっと生きてんじゃねえよ〟を学ぶチャンスを見逃さない

小学三年生の真理が二日続けて欠席しました。真理は、気になる子です。心因性の難聴の既往があり、休みがちな面が気になっていました。翌日は登校しました。三時間目の体育の時間は、他の子二人と一緒に保健室で過ごしました。

何時に起きて、朝ごはんは、家族の誰と食べるか、三人でおしゃべりしていました。私はだまって聞いていました。私が、子どもに聞き出すことを、子どもどうしで、聞き出し合っています。私のまねをしているのでしょうか。子どもは、おもしろいものだと思います。

真理は、「お母さんが起きなさいって言うから、うーんうるさいなあって思って、しかたなく起きるんだよ」「お母さんが、早くって、パンを口の中にほうりこむんだよ。わたし赤ちゃんじゃないのにね」と。他の二人は、げらげら笑っています。その光景は漫画を描いているようです。

真理のことで、なんとなく気になっていたことのひとつが、「めざめていない」ことでした。子どもたちの会話から、真理は、脳が完全にすっきり覚醒しないで登校していることがわかりました。

一方、卒業生の愛美《あいみ》は五年生のとき、夏休みの〝からだをかえるとりくみ〟の作文に書いています。「私は、夏休みの間、早ね早おきをすることにとりくみました。がんばってできるようになると、しぜんに、目がとてもよく見えるようになりました……」と自分のからだの変化を発見しています。

愛美は、ふだんは目は開いていても、脳が覚醒しないで、ぼうっとして目がぼんやりしていたのです。夏休みに、早ね早おきをすることに挑戦して、しっかり目をさます体験をしたのです。早ね早おきが、からだでわかり、目が見えるようになったと表現したのです。気持ちがすっきりして、目がよく見えることを喜びとしています。早く眠る、早くおきることで生活のリズムを取り戻し、覚醒することで快の感情がわいて、認識すること（早ね早おきは、目が見えるようになっていいことなんだ）を獲得しています。

保健室に来室する子どもの中には、真理や愛美のように、めざめていないでぼうっとして、気持ちがわるいと訴えたり、朝から眠いと訴えたり、からだのどこがおかしいと言えなかったり……そんな子どもがたくさんいます。

そのような子どもたちは、乳幼児期に、夜、決まった時間になったら寝る、眠るという条件反射を学習してきていない表れです。脳に刷り込まれていないのです。

子どもの発達研究会では、脳神経の回路がうまくまわって、しっかり眠る、しっかりめざめることが、子どもの発達の土台であることを学びました。このことは、本能「まずは、心地よく眠る、気持ちよくめざめる」を育てるということです。

〝眠り、めざめ〟の臨界期　３６５日

私たち大人は、子どもの発達の基礎である、眠りの保障をしなければなりません。子どもにとっては、発達権の獲得です。母親の仕事の都合で帰宅がおそく、保育園のお迎えがおそくなり、寝かせるまでの時間がどんどんずれて、乳児であっても10時、11時と大人の寝る時間と同じになってしまう。このような実態は、この研究会でレポートした時期よりも、さらに悪化しています。

それらの悪化の実態は、幼い子どものからだには、すぐ現れてきます。

〝一年生がんばれ・おねえちゃんがんばれ〟　（五歳児桜ちゃん）

五歳児の桜の両親は、東京都内の小学校と中学校の教師です。通勤時間は一時間〜一時間半かかります。

桜は、首都圏内にある居住地近くの保育園に通っています。朝七時から夜七時まで保育園で過ごします。桜は、保育園の生活が大好きです。特に、はさみ、のり、紙、釘、木などを使って制作したりすることが大好きのようです。おもちゃであそぶことも大好き。ＬａＱ（パーツを組み合わせ、平面・立体的なものをつくりだすおもちゃ）で制作するのが大好き。パーツを組み合わせ、うさぎがブランコしてあそんでいるものを作り上げたりして、楽しみをからだ中にもっているという子です。まさに内面から発達要求を出していることが伝わり、子どもらしくかわいいというふうに思えます。

ところが、五月から六月にかけて、保育園で転倒することが、三回もあったのです。いつも朝の時間帯におこります。

はじめは朝の会で歌を歌っているときに転倒し、前方にあった机に顔面をうってしまいました。父親がお迎えに行き、居住地市内の総合病院の小児科を受診しました。頭部レントゲン、心電図、血液検査をしましたが異常ありませんでした。

その後も朝の時間帯（やはり朝の会のときと、机で工作をしているとき）に倒れることがありました。看護師さんと担任の聞き取りで、目の前が真っ暗になるということがわかり、全身状態は、顔色は青白く、眠いようすで、寝かせると眠ってしまうことがわかりました。小児科では、いままでの検査ですべて異常がないので、てんかんを疑い、脳波検査と脳のＭＲＩ検査をしました。結果は異常ありませんでした。

母親は、小児科医との話し合いで、夜の時間の改善を話し合いましたが、保育園のお迎えを七時前にして、夕飯を早く食べさせお風呂に入れて早く寝かせるということは、なかなか大変なことでした。祖母の応援を頼むにしても毎日のことなので、なかなか改善は進みません。

親を支える体制をつくっていかなければ

かつて（子どもの発達研究会でレポートした時代　20年前）のときより、いまの時代の方が、さらに状況は厳しくなっています。早く寝かせる、早く起こす、眠りとめざめのリズムをつくることは、わかっているけれど、できない困難さがあるということです。個人的な努力だけでは解決できない状況が生まれています。

社会的な生きがいをもって働く両親の側の、職場におけるさまざまな問題の解決も大きな視野にふくめて課題としていかなければなりません。教育現場（桜の両親は教師であることで）における大量な事務処理や提出物。学校の子どもに目を向けるよりパソコンに向き合う方が多いことが仕事のようになっている現場。遅くまで残ってしごとをすることが当たり前のように思ってしまうような仕組みになっている職員室の空気。職員室で子どものことが話題になるような職員室ではなくなってしまっているような中で、どれだけストレスを抱えて、保育園にわが子をお迎えに行くのであろうか。そのような労働問題が、親の側にもあるのです。

「大変だね。お疲れさま」とやさしく声をかけてあげる祖母がいても、保育園の連絡ノートに、「桜ちゃんは、〝大きくなったよの会〟でミュージカルピーターパンのピーターパン役をやります。すごく積極的な面がでてきてうれしいです」と保育士さんの書いてくれたコメントに励まされても、それでも、うれしい感情を明日のエネルギーに変換させるまでいきません。

桜は、もうすぐ小学校入学を夢見て、五年生のおねえちゃんに手紙を書いて希望を語りました。おぼえたひらがなを、書いてみたくてしょうがないという気持ちが伝わってきます。

おねえちゃんへ

さくらは、四月になったらしょうがっこう一ねんせいになります。そしたら、おかあさんもおとうさんも、おそくならないよね。だって、ほいくえんのおむかえがないもんね。みんな、はやいからうれしいね。一ねんせいがんばれ。おねえちゃんがんばれ。みんながんばれ。さくらより

桜は、たどたどしく生活の希望を綴《つづ》れるように育っていました。桜が保育園に通っていて、夜の時間帯がおそくなってしまっていたことが、一年生になると、保育園のお迎えがないので、きっとみんなして、早い時間で過ごせるようになるにちがいないと考えたのでしょう。桜の夢がかなえられるように、両親はうれしく、切なく受けとめたようです。

桜は、一年生の夏休みにおばあちゃんと過ごす日があり、おばあちゃんとおしゃべりしました。「さくらちゃん、きょうのような暑い日にMRIの検査に行ったよね。脳波の検査にも行ったよね。眠って検査をするのに、おばあちゃんが、羊が一匹羊が二匹……って言ってあげたよね。一年生になって元気に過ごせて、おばあちゃんは、すごくうれしいよ」と、おばあちゃんが言うと、「あのとき（倒れたとき）みんなが大騒ぎするから、いろんな検査をやったけど、さくらは、ねぶそくだっただけ……」と言うのです。心配した大人たちは、桜の「ねぶそくだっただけ」の言葉に安堵して笑ってしまうできごとでした。でも、幼かった桜が、眠たかったとからだが要求していたことを、言葉でいうことができたのだと両親も祖母も納得したのです。

子どもの「眠たいよ、発達したいよ」という、言葉になって聞こえない子どもの声を大切にしていかなければなりません。

三年寝たろうじゃだめだよ（秀くんや昭夫くん）

放課後等児童デイで出会った秀くんと、昭夫くんのことです。

秀くんは、三年生。秀くんは、自閉症スペクトラムという診断があります。通所するときは、手提げ袋二つに、絵本をたくさんと、あそびのカードをいっぱい持ってきます。その手提げに入っているものをつかってあそぶのかなと思ってみていると、まったく手提げ袋はそのままにしてあります。持ってくることで安心しているのでしょう。

秀くんは、おやつの時間が終わると、「ラジオをききたい」と要求して、寝転んで足を組んで、まるでおやじのような格好でラジオを聞いていて、そのうち眠ってしまいます。「秀くん、いつも眠ってばかりいて、三年寝たろうになってしまうから、いっしょにあそぼう」と誘って、いっしょに絵本を読んで過ごします。気にいった場面が終わると、「バイバイね」「またね。あっち行っててね」と言います。そして眠ってしまいます。

太っていることも気になります。四時半ぐらいから一時間ぐらいは眠ってしまいます。家では寝つきも悪く、朝のめざめも早かったりして二度寝をしてしまったりしているようです。放課後等児童デイサービスに来ても、眠っていては、活動もできないし、発達につながりません。秀くんには、眠りとめざめの課題が明らかです。覚醒しているときにこそ発達はあることを、指導員で共有して、どんな働きかけをしていくかを考えていかなければなりません。

昭夫くんは、六年生。昭夫くんも、自閉症スペクトラムの診断があります。自分の気持ちが通じなかったり、落ち着かなかったりすると、周囲の指導員の手をつかまえて、つめをたてたり、がりっと引っかいたりして傷つけます。

私が放課後等児童デイサービスに非常勤で勤務についたばかりのとき、担当していた指導員は、周囲の人に危害を加えないように、部屋の隅の一角で、背中をとんとんして寝かせていました。

覚醒させて、どんな気持ちか引き出して、どんなあそびをしたいか、なんらかの表現ができるように苦労して、最善のかかわり方をみつけていくのが指導員の役割であると思いました。引っかいたりして、危害を加えるのは、言語でうまく気持ちを表現できないからです。

放課後等児童デイサービスでは、秀くんや、昭夫くんのような子が多くいます。発達のつまずきのある子のケアをする中に、子どもの発達を学ぶ基礎があると思います。

2　たっぷりと豊かな感情を育てる

子どもは社会の子ども

私たちが、子育てをしていた時代（一九八〇年代）は、働くことも大変でしたが、勤務終了時間が近づくと、子どもが待っている、子どもに会えるという、わくわくした気持ちがわいてきました。保育園で出会う子どもたちのおしゃべりの声や、素足で駆け寄ってくる子どもが、ただかわいい、いとおしいと思う気持ちでした。わが子もよその子もみんな生きているって思ったものです。

歩きはじめたときの感動と、かた言のおしゃべりを始めたころは、わが子は将来は詩人かと、親の誰もが思ったものです。忙しい中にも、子育てを楽しんでいました。

ところが、近年、調査の中でも明らかです。親のかってな願いで、子どもの発達を無視したもの、いわゆる英才教育という流れに乗ってしまう子育てになっています。物事の概念を発達させる法則を歪める方向になってしまっています（調査　乳児期にテレビをよく見せましたか。調査　おけいこや塾に行かせていますか　一五四ページ参照）。

機械（テレビ・スマホ・ゲーム）は子どもを育てるものではない

調査の中で、乳児期にテレビを見せた理由として、リズムに乗ってからだを動かした、情緒豊かに育てたいと思った……とあります。親の子育ての願いはすてきです。しかし、テレビは一方通行で、音声も機械音。視機能の分野からとらえても、遠近を画面でとらえることは困難なことです。人間が育てることによって人間に育つことを念頭におかなければなりません。音声は、機械音ではなく、目をしっかり見てできれば父母が語りかける、あるいは保育士さんが語りかけることによって、「喃語《なんご》」の発声がでて、一語文がでてくることに繋がっていくことでしょう（4章一五四ページ参照）。人間と人間の繋がりの基礎は、テレビでは育てることはできません。

最近、新聞に掲載されていました。赤ちゃんにテレビを見せることを心配していたママたちが、赤ちゃんにとって安心して見せられるものを作ればいいのではないかと、自分たちで製作したということです。それに対して小児科医学会は、真っ向から批判するのではなく、時間を短くしましょうとコメントしたという内容でした。

しかし、内容は優れたものにしても、テレビの画面から乳児の目を通して入る刺激、脳への刺激は、従来危惧をいだいていたことと同じ状態です。機械は、子どもの発達を育てるものではないことを押さえておきたいものです。

いまこそ、子どもの発達を阻害するものを排除していかなければなりません。

PCゲーム得意の一年生祐樹くん

祐樹くんは、パソコンでやるゲームが得意です。両親と祐樹くんと三人家族です。祐樹くんのおうちは、三台のパソコンがあり、三人が一台ずつ使っています。パソコンでゲームにのめり込んで、毎日寝る時間は一一時から一二時になってしまっています。

朝も起きられないで、不機嫌で登校します。授業中は落ち着きがなく、先生に注意をされることが多く、教室にいることがつまらなくてしかたがありません。友だちとあそんだり、しゃべったりすることも長続きしません。発達障害のＡＤＨＤとみられ、お母さんも、落ち込んでいました。

祐樹くんは、学童保育に行っていました。学童保育の先生方は、ＡＤＨＤだからとみることもなく、暴れる祐樹くんを受け入れて、いい面をみつけてくれて、やさしい面をほめてくれていました。お母さんのお迎えのときに、毎日のようにおしゃべりをして、いつの間にか、パソコンゲームの時間を少なくして眠るようになって、学校の教室でも落ち着きを取り戻していきました。

祐樹くんのように、ゲームにのめり込んでしまって、なかなか生活リズムを取り戻せない子どもは多くいます。そのような子どもたちにみられるものは、友だち関係がうまくいかない、あそびこめない、絵を描いても、人間の姿が小さく描かれる、のびのびした表現ができない、暴力的で穏やかさがなくなってしまっている……といった発達しそびれた姿となっています。

ゲームの害は明らかです。ゲーム依存になる前に対処しなければなりません。大人の側が与えないという毅然とした態度を持ちたいものです。ゲームで育ったパパ、ママが子育てをする時代になったいまこそ、家族全員が、ゲームの害について学んでいかなければならないでしょう。ゲームの害について認識している者は、警鐘をならし、すべての子どもが健康に過ごせるよう声を大にして訴えていきましょう。

スマホあれこれ

赤ちゃんがスマホの画面を指でスースーと動かしたり、赤ちゃんの泣くことを止める鬼の画面が出たり、赤ちゃんをおもりさせるアプリがあったり……これでもか、これでもかと超スピードで子どもの発達を無視するものが親の手に入り込んできています。電磁波の危険が心配されていた時期もありましたが、健康の問題を提唱する間もないスピードで商業主義の流れはどっと押し寄せています。

小学生からスマホをもち、SNSで繋がり、いじめが発生したり、生活が乱れたりしています。最近も小学六年生の女子が見知らぬ男性と繋がり連れ去られるという事件が発生しました。SNSで繋がり、性犯罪、性暴力の世界へ落ち込んでいったり、未成年の子どもたちには危険がごろごろ転がっています。

ゲーム機が登場したときに、子どもにねだられ、どうしたらよいか悩む親たちが多くいました。

スマホはどうでしょうか。家族どうしの通信や調べごとに使用など、生活や生存のための道具としての使い方然り。しかし、道具としての域を越えて、子どもの生活に入りこみすぎている現状を私たち大人はしっかりととらえていかなければなりません。

スマホでつながる　六年生　美香ちゃん

美香ちゃんのお母さんは仕事をしています。美香ちゃんの友だちのお母さんにも気さくに話しかけ明るい方です。しかし、美香ちゃんと、ああでもない、こうでもないといった……たわいもないおしゃべりをしたりして過ごしていませんでした。美香ちゃんの寂しさをわかっていませんでした。

美香ちゃんは、スマホが欲しいとねだって買ってもらい、スマホを持っている男子と五年生の女子とラインで話しています。美香ちゃんは、学校の器楽クラブで活躍しています。器楽クラブでコンクールにも何度も出ています。同じパートの楽器サックスを演奏する花ちゃんも上手で、ソロで吹くフレーズがあります。

美香ちゃんは、花ちゃんのうまさをねたみ、スマホのラインで花ちゃんの悪口をあることないこと言いふらしています。美香ちゃんは、スマホのラインで悪口をいうばかりか、家でやるクリスマス会に花ちゃんだけを誘わなかったりして、目に見えるいじめをするようになり、お母さんの目にも映るようになってきました。

一方の五年生の下級生は、夜遅くまでスマホをやっていて生活が乱れ、デパートでも洋服を手に取り、試着したり、行動の不自然さがあり、店員さんに注意をされたり、学校も休みがちになっています。

美香ちゃんのように、気持ちのはけ口を器楽クラブの友だちをターゲットにしてスマホで悪口を言いふらすことからいじめに発展させていくケースはたくさんあります。

一方の下級生も巻き込んで、それぞれが乱れていく、そして乱れたもの同士繋がっていくといった流れは、大人には見えることです。

スマホは子どもにとってはラインでつながっているように思えても、人間的交流を深めるものではありません。言葉をかわしたり、目を合わせたり笑ったり考えたり、育ち合うためのものではありません。

子どもは発達する権利がある

子どもを連れて公園デビューしたころから、競争の社会に子どもを入れることが始まっています。知能を育てるなど宣伝に乗ってしまい、高額な教材を買ってしまう風潮がたくさんありました。よその子どもよりわが子のほうが何事も優れるようにしたいという願望が強く働いてしまいます。

子どものとらえ方の基本を共有していかなければ、このような競争の風景は変えていくことはできません。子どもは、社会の子どもです。このとらえ方はどうでしょう。わが子もよその子も、健常に生まれた子どもも、障害がある子どもも、すべての子どもは、社会が育てなければならないのです。

子どもは、生まれいづる時から、自らの力で（母との共同の力で）酸素を吸って、肺で呼吸を始めます。内なるものから、生存する権利と発達する権利と無償の愛を受ける権利を持ってこの世の生を受けます。ひとりの人格をもったみどり児なのです。

まどろんだ目で見る母は、かわいがってくれる人と経緯をふむなかで認識していきます。お母さんに抱かれていると、いい気持ち、心地よいという感情がわいてきます。はじめに快の感情を体得することが大事です。その後の発達にかかわってくるからです。

かわいがってよ　ぼくのこと・わたしのこと

愛着をつくっていくプロセス

有斗くん

私が年を重ねてからの話です。学童保育に孫のお迎えに行きました。玄関のチャイムを鳴らしたら、特別支援学級の一年生の有斗くんが「かのんちゃんのおばあちゃん」と出迎えてくれました。「ぼく、かのんちゃんを呼んできてあげるね」と言ってくれて、連れてきてくれました。「ありがとう。有斗くん、いつもなかよくしてくれてありがとう」と話していると、指導員の先生が出てきてくれました。

先生は、有斗くんに向かって、「向こうに行っていて。有斗くんは、出てきてはだめ」と言っているのです。有斗くんは、先生の言葉に対して握りこぶしで、先生の腹をどんと突き、異義申し立てを表しました。先生は「こら！」と言って押さえつけて、部屋にむりやり押し込めました。

有斗くんは、おそらく部屋の中では、「静かに過ごしなさい。友だちにちょっかいは出しません。声は小さく……」など、とりしまりをされて過ごしているのだと思います。そんな有斗くんが、かのんちゃんのおばあちゃんと呼びかけてくれて、このおばあちゃんとおしゃべりを楽しもうとしていたところを、一方的に離されてしまったのです。

有斗くんは、毎日会ってはいないけれど、おばあちゃんと、なんとなくほっとしておしゃべりができて、こんな大人の人もいるんだなあと思ってくれたかもしれないのです。子どもと大人の繋がりは、このおばあちゃんには、あまえてもいいんだ。信頼してもいいかもと、快の感情がわいて、愛着がつくられていくプロセスがあるのだと思います。

杏奈ちゃん

保健室で出会うだけでなく、子どもとの出会いはさまざまあります。やはり、孫の学童保育のお迎えのときです。二年生の杏奈ちゃんが、そばに寄ってきて、「かのんちゃんのママ?」と聞くので、「NO、グランマー」と冗談のように答えると、「えー」と言って笑うのです。続けて「私、お母さんいないの!」。「そうなの。お洋服を選んだり、おふろに入ったり、全部じぶんでできるんだ。えらいね」と言ってあげると「だいじょうぶ。できるよ」と言うのです。あまり、知らなかった友だちのグランマーに、聞いてもらっていいんだ。さびしい気持ちを言ってもいいんだと思ったのではないかなと、保健室で子どもと向き合ったときのように、直感でそう思いました。

愛着をつくっていくのは、必ずしも、実の両親でなくても、両親に代わる第三者の大人であっていいのだと思います。心からかわいいと思って、子どもの気持ちを受けとめてあげる大人がいることが大事だと思います。

一葉ちゃん

夏休みに入って、学級の個人面談がはじまり、一年生の博美先生が、「先生、一葉さんのお母さんが悩んでいるので、面談後保健室に寄ってもらうように話しますので、話をきいてあげていただきたいのです」と言われたのです。

一葉ちゃんのお母さんは、暗い顔をされて「先生、私、一葉をかわいいと思えないのです」と言われたのです。たとえばどんなときでしょう。心あたることを聞きだそうとしても、いままでになく、ここだということもとらえられなく、おしゃべりをして過ぎました。お風呂にいっしょに入って、からだを洗いっこするとか、いっしょに寝て、たわいもない話をするとか、一葉ちゃんのちょっとしたしぐさをかわいいと思えるかもよ。なんて……とんでもないおしゃべりをしてしまったのです。お母さんは、ニュースで話題になっているような、子どもを殺してしまうかもしれないと、一面では深刻に悩んでいる面もあり、何を悩んでいるのかつかめないまま、「お母さん時間があったら、いつでもいいのでちょこちょこ顔をだしてくださいね」と終わりになったのです。私は核心がつかめずにいました。偶然道でお会いしたとき、「先生、話をきいていただいて、気持ちが楽になりました」と言ってくださったのですが、何がどうしたんだろうと気がかりでした。

三学期が始まり、発育測定をし、後半の時間をいつもの「からだの話」を設定していました。一葉ちゃんの一年生の学年は、「いのちのはじめ・おとうさんのもっているいのちのもととおかあさんがもっているいのちのもと」の話です。

一学期の四月とくらべてどのくらい大きくなったか、身長と体重の引き算をして、数値で確認をし、子どもたちは健康カードに記入する作業をしました。からだの話のつづきは、おうちに帰って、うまれたときの話をお母さんやお父さんや家族のかたにきくことを話して終わりにしようとしました。そのとき、一葉ちゃんが「わたしのお母さん……、生んでくれたお母さんじゃない」と言って泣き出しました。担任の博美先生は、わが子を抱くようにして、すかさず一葉ちゃんをだっこしてくれたのです。

一葉ちゃんのお母さんの悩みは、ここだったのだと理解しました。一葉ちゃんもさびしく思っていたことと、お母さんも心から愛せなかったことを悩んでいたのだとわかり、一葉ちゃんのお母さんの肩を抱いてあげたいと思いました。

愛着は、必ずしも、自分が生んだ子どもだからと形成されるものではないし、生んだ子どもでなくても、いとおしいと思う気持ちがわいて、かわいがって育てていけるものだと確信しています。一葉ちゃんのお母さんを応援して、お母さんが、一葉ちゃんの髪を結わえてあげたり、だっこしたり、洋服を着せてあげたりできていかれるように寄り添っていこうと思います。母親を支える人が必要です。

虐待の経験をもつ子ども

舞子ちゃん

舞子ちゃんは小学校一年生から六年間付き合った子どもです（卒業して大人になってからもつきあっています）。一年生の一学期の終わりの保護者面談で、お母さんは、不安症状があり、面談の途中に安定剤を服用したと担任の先生からお聞きしました。そのうち、お母さんは保健室にも見えるようになり、お母さんの育ちのようすや悩みを話されるようになりました。

……お母さんのご両親は裕福な生活をされているが、父は、仕事の地位は高く厳格な人で母に暴力を振るったりしていた。舞子ちゃんの母も子どものころ、バケツの水をかけられたり、暴力を振るわれていたと。母はＤＶであっても、何事もなかったように近所の方とも付き合っていたし、子どもを助けてくれなかった。舞子ちゃんのお母さんは大人になって結婚したが、夫とうまくいかず、舞子ちゃんを生んで離婚した。再婚したが、心の不安が生じ心療内科を受診している。……

私は、舞子ちゃんのお母さんの育ちの中で、父の暴力やＤＶによる虐待があったことを把握していたのに、舞子ちゃんに虐待の連鎖があるだろうと、早くから仮説をたててみることができていたのに、問題解決の糸口をなかなか引き出すことができなく、舞子ちゃんをますます複雑な生活の中で悩ませていたと責任を感じています。

舞子ちゃんは、登校途中に痴漢に会ったと虚言を吐くようになり、足が痛くて歩けないと、心の痛みを言うようになったり、保健室でＡＤＨＤの子どもがあらわすような行動で、暴れまくったり、これでもかという訴えをしていました（※ＡＤＨＤの子の表す行動と、被虐待児の表す行動は似ている。西澤哲論文）。

学校では、ケース会議を開き、教師集団で問題を共有しスーパーバイザーに入っていただき、これは児童相談所へまわすケースであるという意見をいただきました。専門家をよんで、教師集団で「虐待」について学習を深めました。

舞子ちゃんは、児童相談所の一時保護所に入所しましたが、何の解決もされず帰されました。卒業してからも、何度も会いましたが、大人になった舞子ちゃんの心には、まだ傷が残っています。虐待を経験した子どもに愛着を形成するには、専門的なケアと時間が必要です。

私は、いつでも舞子ちゃんのことを思っているよのメッセージは、舞子ちゃんに伝わるようにしていました。見捨てていない、かわいいと思っている大人はいるよのメッセージは、大切で重要なものです。

3　人間的かかわりを育てる――言語の発達

安心感の空気のある中で乳幼児はしゃべる

まだ物事についての概念は育っていませんが、生活の平面のおしゃべりを大事にしていきたいものです。気持ちよさそうにいっぱい詩的におしゃべりしています。子どもがしゃべりたいなと、気持ちが動き、そして子どものことばを引き出すために大人がもつ雰囲気は、オウム返しで話す、続けて言ってあげる、そうなのとうなずく、共感する……そんな空気の漂っている中で、子どもは更におしゃべりをして概念づくりに発展していきます。次の口頭詩は、保育園の連絡帳に書き留めたものです。園長先生が、「すてきなおしゃべりね。お母さん、よく書き留めてくれましたね。このおしゃべりを、私にちょうだい」と言ってくれた出来事です。保育士さん、園長先生と子どもの育ちを楽しんだメモです。

おしゃべり（口頭詩）

ヨットは？　いっちゃった　おうい！　（一歳一一ヶ月）
あぶないよ　しんごうあかよ
あぶないね　かささしておじちゃんいっちゃった　（二歳）
はっぱ　どこからきたの　あっ　あそこから

かぜさんおいで　かぜさんはね　はっぱのとこいるの　（二歳一ヶ月）
すいか　あっ　まあっか　しゃきしゃき　あっ　まあっか
たねあるよ　たねさん　ぽんぽうん
あっ　おちちゃった（風が部屋に入ってカーテンがゆれて…）
かぜさん　おくちないから（すいか）たべられないか　（二歳一ヶ月）
わんわん　あめこんこんふってきたから　おうち　かえろ　（二歳二ヶ月）
まつのき　はっぱいたいいいたいよ
ちくちく　いたいよ　（二歳二ヶ月）
もう　みんなねんね　きしゃぽっぽもねんね
おはなもねんね
おつきさま　ごはんたべた？
おくちないから　たべられないよ　（二歳三ヶ月）
そら　きれいね
すてきね　おうい！　（二歳三ヶ月）

学童期　学んだ力を生き生きと燃焼させているか

六年生　夏実さん（十二月十五日）

N　ねえねえ、先生きいてよお。私このごろ変なの
T　そう、どうしたの？
N　一、二時間目は睡魔に襲われるの。それでね。三、四時間目は気持ちがわるいんだよ
T　どうしたんだろうね
N　このごろね、人間がきらいになったの
T　人間がきらいになったの。疲れているんじゃない
N　うーん、塾も行っているし。そうかも。テレビも観ないといけないし、一一時に寝るのは早いほうだ

夏実を通して、子どもの発達の視点でみてみると、夏実は、自分の気持ちを率直に言える子どもに育っています。私と話す中で、気持ちの整理をしています。生活を振り返り、言葉をつかって、疲れていることを認識しはじめています。

学童期の子どもの発達をみるひとつめの視点は、自分の気持ちを自分のことばで伝えることができるか、自分の考えを主張できるか、そして相手の主張を穏やかに聞く力があるかということです。ふたつめに、反対の感情を獲得しているかという点です。たっぷりと愛されて豊かな生活体験をした子は、うれしい、楽しいという感情体験とともに、反対の悲しい、さびしいという気持ちや感情をわかることができます。そ

れらは、友人や他者の気持ちを理解する力につながります。三つめに、物事の事象や現象をイメージすることができます。抽象の世界をことばをつかって認識する力が育っているか、すとんと腑に落ちて納得し、さらに学ぶ意識をもっているかという点です。学童期の育ちをとらえるとき、発達の法則をふまないで毎日を過ごしてしまった子は、私たちに、学ぶ意欲のない子の姿となり、子どもらしく育っていない子どもの姿として映ります。四つめに、とくに思春期の入り口にいる子どもたちは、学んだ力をつかって、生き生きと燃焼させているかという点です。からだの発達とともに湧き出るエネルギーを人のために燃焼させることができているかという点も発達しているかというとらえかたをするのに、大きなポイントです。

腹話術の手法から学ぶ

朝の全校集会で、成長の話をする機会がありました。腹話術を習っている友人に原稿を渡し、どんなものか打診をしました。人形がしゃべるのは、短いことばがいいというアドバイスをいただき、オウムがえしの掛け合いのように原稿を書き直しました。腹話術は、相手から引き出す手法であるのだと気づきました。そして共感の空気をつくるものであるのです。子どもの話を引き出すことにこれだと気づいたのです。

「二才」　アララとおしゃべり

きょうは、お友だちを連れてきました。

山・ア　はじめまして、アララです。よろしく

石　きょうは、石田先生のとっておきのお話です。石田先生のお話のお相手をしてくださるのは、山口京子さんこと、お人形のアララちゃんです

石　では、はじめるよ。私は、一二年前のきょう、一九八〇年五月三〇日小さなあかちゃんをうみました　あかちゃんの泣き声（テープ）

ア　これ、わたしの声

山　元気な声ね。お母さんは安心したね

石　お母さんは、夜遅くまでほけんだよりつくっていたから、おなかのあなたは光を感じておちついていられなかったね。ＢＣＧの予防接種があるからって学校の廊下を走ったからびっくりしたでしょう

ア　早くうまれたいよう

山　早くうまれたいようって合図したんだよ

石　ごめんね。でも、おかあさんはおなかの中のあなたのことをいつもかわいいって思っていたの

ア　わたし、子宮の中にいたの

山　そう、お母さんのおなかの子宮という袋の中にいたのね

ア　子宮の中、海みたいだったよ

山　海みたい、水があってね

ア　足ばたばたやった

山　足ばたばた動かして

ア　手の指なめた
山　指なめて
ア　オシッコした
山　オシッコした
ア　それでその水のんだ
山　きたないよ
ア　きたなくないよ
山　きたなくないよ。腸がきれいにしてくれた
ア　ふしぎだね
山　ふしぎだねえ。
ア　わたし、へそのおから栄養もらった
山　へそのおから栄養もらって
ア　大きくなった
山　大きくなった
ア　わたしの心臓動いた
山　心臓動いた
ア　ドックン　ドックン

山　ドックン　ドックン動いた　　　心音（テープ）

ア　もう外へ出たいよう

山　外へ出たい。それで

ア　バーンって足でけって

山　お母さんに合図をおくった

石　お母さんは、元気なあかちゃんをうもうと、さあ、がんばろうと思いました

ア　わたしどこからうまれたの

山　どこからうまれたの

石　お母さんのワギナから
女の人のからだって、おまたのところに、おしっこするあなと、うんこをするあなと、もうひとつその真ん中に小さなあながあるのねえ。そこのあなのことをラテン語でワギナといいます。お母さんは、ワギナをうーんと広げて赤ちゃんの頭ぐらい風船のように広げたの

ア　早く外へ出よう

山　出ようって…産道という細い道へ入った

ア　頭から入ったよ

山　頭から

ア　頭のほねくっついていないの

山　頭のほねくっついていない。それで
ア　卵の形
山　卵のかたちしたり
ア　細長く
山　細長くしたりして
ア　頭ぐりぐり
山　頭ぐりぐり産道にくっつけて
石　そうねえ。狭い産道に頭をこすりつけたときから、人間の大脳はよくなったんだって
（後略）

4　確かな意思をもって未来へ向かう子どもを育てる

好奇心の育ち

あそべる子・あそびこめる子

子どもの行動の機能は、好奇心で始まって、感情体験で終わらなければなりません。子どもらしい子どもをみていると、まさに子どもは、あそびの塊の生きもののようにもみえます。

一年生になった章子ちゃんは、夏休みに家族旅行をしました。ロープウエーで山に登り、降りたところ

に大きな石や小さな石がごろごろしています。大木の枝が折れて何本もあります。章子ちゃんは、その枝を遠くまで走って行ってはかかえて集めています。お父さんとお母さんは、その行動をみて、何をやっているのだろうと眺《なが》めています。ゆとりのある楽しい光景です。

あそび心を失ったおとなは、一見意味のないことをしているようにも見えるでしょう。好奇心を持ちえている子どもは、棒が一本でもあそびに発展していくことができるのです。ましてや、章子ちゃんは、集めているのですから、楽しみながら構想を練っているのかもしれません。走って集めているのですから、からだから湧き出るわくわくした面白さがあるにちがいありません。

好奇心は、納得があるから育つという石田理論にあてはまります。この石田理論は、楽しかった、おもしろかった、わかったという感情体験で終わらなければならない道筋があります。

神経学に言い換えると、好奇心は、物理的刺激があったとき、刺激を得て体験があり、その体験で満足を得たとき、更に好奇心として育っていくという道筋です。

次元の高い認知力

これまで述べてきた発達の法則は、人間としての育ちに発達の法則があるということです。発達の法則の道筋で健康に育ってくると、学童期高学年の時期には、事象のイメージを概念として得る力を獲得していきます。文章として表したり、思想として持ちえる力を育てます。

先の章子ちゃんが五年生の夏休みの宿題で、「夏休み速報版」という新聞作りをしました。「トップニュースはこれだ」の内容は、子どもの権利条約を書いています。
小学校に上がったころから、少年少女新聞（子ども新聞）を読んでいて、知的好奇心が育っていたことが土台となり、子どもの権利条約のことを、社会情勢のなかに目を向ける力が育っていったととらえることができます。

トップニュースはこれだ
子どものけん利条約
子どものけん利条約は、今世界でももっともすすんだ「子どものけんぽう」です。でも、ざんねんなことに、まだ日本はこの条約をみとめていません。
一六のけん利をしょうかいします。一、ひふの色や性別で成績がよいとか悪いとか、からだが不自由だからといって差別されない。二、国は、「子どものけん利条約」をみんなに知らせ、守るための法律をつくる。三、子どもは、みんなに大切に育てられる。四、子どもはお父さんとお母さんのつごうではなればなれにされない。五、自分の意見を自由に言えて、まわりの人にきいてもらえる。六、しりたいことはなんでもしることができる。七、ほかの人から考えをおしつけられない。八、自由になかまをつくれる。九、ひみつは守られる。一〇、父だから、母だからといってなぐったり、放ったままにしない。一一、国は体の不自由な人たちをふつうの人と同じようにしてあげる。一二、子どもはいつも健康でいられる。一三、だれでも学校に行けて勉強はわかりやすく教えてもらえる。一四、自由な時間がたくさんあり、場所もいっぱいある。一五、子どもは、むりやり働かせない。一六、子どもは、戦争に行かされない。私は、子どものけん利条約をぜひ守ってもらいたいです。まだ守られていない国がいっぱいあるから、世界の国々が、子どものことについて、もっと話し合ってほしいです。

認識力は、さらに意思として未来へ向かう

意見として発信できる力を得る

子どもの発達の道すじを追っていってみると、小学校高学年から中学生にかけてさらに次元の高い認識力は育っていきます。思考をくぐらせ自分の考えを持ち意志を持って行動できる場面をつくり、仲間と手をたずさえて前進していきます。次の作文は明快に表しています。

「いじめはやめろ」と言える中学生でありたい

今現在どの学校でも「いじめ」はあるでしょう。私の通う中学校でも「いじめ」はあたり前のように行われています。私の知っている範囲では暴力をするなどの大きないじめはありません。しかし、相手をけなしたり、言葉でのいじめは数えきれないほどあります。

こんな状況のなかで、大河内清輝君の事件がおきました（一九九四年）。私も友だちもそのことをテレビで知り、とても驚きました。その事件が現実のことなんて信じられませんでした。そして、大河内君は、私と同じ学年だったのでショックは大きかったです。

それでは、私の中学校ではどうでしょう。大河内君の学校のような大きないじめはきっとないだろうと思いました。でも、だんだんと不安な気持ちは大きくなっていったのです。実際にいじめは何件も起こっていました。とくに私の隣のクラスではひどかったです。そのクラスの私の友人はいじめられていました。いじめる子は女子だけでなく、クラスのだいたいの男子からもいじめられていました。男子たちは、その子をまるで汚いものでも見るような目で見るのです。友人はかなり悩んでいるようでした。そしてそのクラスでは、男子でもいじめられている人がいると聞きました。

話によると、いじめのターゲットの人は、どんどん変わっていくそうです。ターゲットになる男子に共通していることは、おとなしい性格ということです。ターゲットになった子には、プリントなどを配るときはいつも、ぐしゃぐしゃに丸めたものしか配られないそうです。このことを話してくれた友人は、注意しようと思っても自分がいじめられるのが怖くてできないと言っていました。これらのいじめはほんの一部です。この他にも私の知らないいじめはあるはずです。

私は、このとき学級会長をやっていたので、他のクラスの学級会長にいじめについて相談しました。初めのころは男子はやる気がなかったけれど、女子みんなで納得させ、いじめについて私たちの学年だけアンケートをとることにしました。このことは内密にするため、同じ評議会の書記にも伝えませんでした。男子三人女子三人の合計六人の学級会長だけで、先生にも見つからぬように昼休みなどに話し合いました。話し合いの結果を集会を開いてみんなに知らせるということになりました。初めは自分たちの力でやろうと思っていました。でも印刷はどうやるか、これが失敗したら…などと、いろいろと問題があることに気づきました。

そこで私たちは思い切って一番信頼できる先生に相談しました。先生は協力すると言ってくれました。アンケートの印刷は先生がやってくれることになりました。

私は、先生が他の先生にアンケートを見せてしまうのではと不安になりました。でも、アンケートの結果を見られるわけではないので、先生を信じることにしました。

アンケートは、担任の前では配れないので、朝早く学校に行って、登校した人から順番に配っていきました。もちろん学校ではアンケートはできないので家で書いてきてもらいました。また朝早く行って、一人ひとりから集め、そして集計しました。結果、私たちの知らなかったことがありすぎて驚くばかりでした。これから驚いた内容を簡単に説明します。

この学年にいじめがあるかという質問で「はい」と答えた人は、七九％でした。具体的に「主犯」・「手下A」・「手下B」という上下関係がある、親友に見えても実は上下関係があるなどでした。

いじめられたときの気持ちをかいてもらったなかには、自殺するほど苦しいというのがあって信じられませんでした。これからいじめている人がいたらあなたはどうしますかという質問で、「いじめを許さない」と言っている先生に、もっといじめに気づいてもらうというのがありました。これは、本当で一番いじめの多いクラスの先生は「いじめは許さない」と言っているのに、まったくいじめに気づいていないのです。それはきっと、いじめる主犯のA君は先生にとても気に入られている子だったからだと思います。

私たちは、先生たちの打ち合わせのある朝自習の時間（一五分）に集会をやりました。限られた時間で、先生に見つからないようにするのはとても大変でした。

集会では、大河内清輝君の遺書について、アンケートの結果についてを中心に行いました。みんなは思ったよりも静かに聴いてくれました。私たちがやってきたことによって、環境は少しずつよくなっていると思います。

アンケートの欄外に書いてあった言葉、それは今後の私たちの課題だと思いました。〝いじめている人がいたら、「やめなよ」というのがあたりまえになってほしい〟

以上のようなケース（〝トップニュースはこれだ〟〝いじめはやめろと言える中学生でありたい〟）から、子どもの発達の法則の道筋を学び発達のプロセスのなかで、子どもは発達していくことを確信します。安心して、集団のなかで育つ力と育ちあう力を確かめることができます。自分たちの問題として、問題提起をし高めあっている関係づくりは、集団のなかでこそ人間として育っていくのだと思います。

5　気になる子　Disorder

ひと昔前までは病気（disease）として説明がついていました。たとえば、「てんかん、統合失調症、精神病気質など」しかし、最近は説明がつかない症状や行動が気になる子どもたちが多くいます。そんなdisorder が増加しているといわれています。disorder は、かかわらないでいると、いずれ disability（ディスアビリティー）になり、社会に出られない社会人が増えるだろうといわれています。アメリカでは、このディスアビリティーに注目し研究が進められています。日本はアメリカを追いかけています。

気になる子は、発達がゆがんでいるのではないかと私たちはとらえました。自然（環境や生活）が失われてきています。機械が増え、子どもをとりまく生活が変わりました。これらのことが子どもの発達の法則である「眠りと覚醒、感情、認識」によい刺激を与えることはできません。紙おむつしかり、皮膚刺激もない…このような不自然な生活の中でdisorderが生まれてくるのではないでしょうか。

どんな子どもも発達の途上にいる

いわゆる発達障害があるといわれている子ども（ＡＤＨＤ〈注意欠陥多動性障害〉自閉症スペクトラムＬＤ〈学習障害〉）、知的障害がある子ども、肢体に障害がある子どももすべての子どもは、発達の途上にいて、発達のつまずきを表したりしているととらえたいと考えます。

障害のある子をみるとき、障害はどんどん変化していく。自閉症がＬＤへなど変化がみえる。どんな障害があるのか、基本障害を知る、観ることは大切です。しかしわかったからといって、その障害にこだわっていると、まちがった観方になってしまう恐れがあります。

ＡＤＨＤ、行為障害、反抗挑戦障害などについて、操作主義診断に共通する問題点として①心全体をとらえるものでない②分類し「対応」をパターン化しやすい③「発達するものという思想」、「発達の法則に関する考え方」がないなどをあげたいと考えます。

放課後等児童デイサービスで出会った良太くん（中三）

良太くんは、放課後等児童デイサービスに登所すると、すぐ宿題（国語ドリル）にとりかかります。自閉症スペクトラムがあり、返答はオウム返しのときが多い子どもです。

宿題が終わると、おもちゃの鍵盤ハーモニカをもってきて、いっしょにやろうというのです。音楽が好きなのかなと思い、「きらきら星」のうたをハ長調でドドソソ　ララソ…といっしょに歌い指で位置を教えてみると、何度も何度もやって演奏できるようになってニコニコ顔です。「ちょうちょ」「かえるのうた」も演奏できるようになり、一本指でなく、右手の五本指で演奏できるようになりました。

キーといった奇声もでなくなり、穏やかでオウム返しの会話でなく自分の簡単なことばで返事をしてくれるようになりました。しばらくして、登所すると、一目散に鍵盤ハーモニカを取りに行き、自分の席に持ってきて確保してしまう要求がでてきました。

良太君が演奏が上手にできるのをみていた他の子もやってみたいと思う子がでてきて、鍵盤ハーモニカの取り合いの場面もおこりました。ひいてみたいという好奇心が発展して演奏できたあという感動体験を経験し、友だちと鍵盤ハーモニカを取り合うかかわりができる場面まで進みました。今度は、ほんもののピアノで弾かせてあげたい。次の挑戦は両手で演奏できるかもしれません。

良太君のように、良太君自身が演奏できた喜びと指導員の喜びと重なって、かわいがってくれる人がそばにいることで、大きな発達へと繋がっていくことだと思います。

しかし、放課後等児童デイサービスに来ている子どもたちは、毎日同じ事業所に通ってくるものでないし、毎日事業所によって対応も違うので、子どもにとってはどうなのか、発達に繋がっていくものなのか不安に思います。

私が出会った子どもたちは、乱暴で攻撃的で、自分を守る態勢をつくる子どもたちが多く、はじめは、傷だらけになりましたが、基本を「きみは、かわいい」という対応で徹底しました。いつの日か攻撃的な面はなくなり穏やかな顔になって、ますますかわいいと思います。しかし、指導員全体の共有がないときは、怒る指導員がいたときは、子どもは攻撃的になります。

子どもにかかわるときは、基本的な障害はどんなものかは知っておく必要があります。しかし、どの子もかわいいという姿勢で対応する中で、この子の課題はなんだろうと見えてきます。

子どもの発達研究会・石田一宏理論から学んだ「子どもの発達の法則」は、子どもと向き合うなかで、なるほどこういうことなのだと納得しながら、自分の理論として獲得していきたいと思います。私は、しごとの上で、最後に出会った放課後等児童デイサービスで向き合った子どもたちから多くのことを学ばせていただきました。もう少しかかわる時間が可能であったら、この子には、具体的にこんなかかわりをしたら、こんな可能性を引き出せたことをまとめることができたと思います。

どの子どももかわいいと思うことが基本であり、発達の法則の眠る、覚醒することができていますかから取り組めると、子どもはかわる、発達することを実感できたことは、大きな学びです。

3章　不登校問題を考える

1　親と教師の連携で子どもの「生きる力」をはぐくもう

石田一宏

はじめに

私も、時折学校の先生方の研修会などに講演にでかけたりすることがあるのですが、校長室での懇談は大概こんなふうな会話になることが多いのです。「この学校にも登校拒否の子はおりますか」という私の問いにたいして「いや、幸いなことに、この学校にはまだそういう子はいないのですが……」とか、「入学式に来ただけで全然来ていない子がいます。その子は、小学校でもずっと登校拒否だったようで、私たちも対応に困っているのです」とか。

私がこのような話し合いをしながら、いつも思うことは、このような事例があるかどうか、なければよし、あればどう対応しているかなどというレベルのことが問題なのだろうかという虚しさなのです。問題は、この学校に今不登校の事例が存在するかではなく、この学校のすべての子どもたちが将来大人になったときに自立できるような『生きる力』を、毎日の学習生活のなかで身につけつつ生き生きとしているかどうかなのです。

しかし、私たち大人の話題は、ややもすると登校拒否が何人、いじめ事件が何件というふうに、結果として現れた事象を数えて、それをゼロにすることに集中しがちです。

私の診療室で会う親たちの相談をきいていても、同じ姿勢がみられます。「うちの子の登校拒否はいつなおるでしょうか」という親の問いは、「うちの子が長欠児の一人として数えられることが耐えられない」ということです。この子が学校に行けない気持ちはわかっているつもりでも、やはり「他の人もがまんして行っているのに、うちの子だけが落ちこぼれるのは、なんとも許しがたい」ことなのです。

地域の民生委員をやっているような世話役の人と会うと、「あの家の子は学校へも行かず、最近は家庭内暴力のようですよ。なんてアドバイスしたらいいでしょうか」という相談をうけます。

一人ひとりの個別指導ですまない事態に

しかしいまや、学校へ行けなくなった子ども一人ひとりの対応を、そのつど考えたり、相談したりしているだけではすまない深刻な事態になっているのではないかと、私には思えるのです。なぜか。まず第一に、その数の多さです。文部省の発表の七万人（一九九四年）という数字だけでも、単に一学校一クラスの問題でなく、日本の子どもの育つ環境が変になっているとみなければなりません。第二に、その質の深刻さです。小学校の低学年から始まり、長期化（断続的に行くときはあっても）する子が多く、その結果『子ども時代』の大切な『社会性をつける体験』ができず、『社会性の発達しそびれ』『人間的交流の力の発達不全』のまま、大人になってしまう子も、めずらしくなくなっています。

ところが、これが第三の問題点ですが、不登校、登校拒否の子どもに対する多くの大人の姿勢があくまでも、「どうしたら、いつごろから学校にいくか」という上からの視点で貫かれているのです。たとえば、「登校刺激はよくない」と言えば、「それで学校に行くようになるのか」と反論されます。「受容することが大切なのも、そうすることで子どもが学校へ行こうとする意欲がうまれるのですね」という、登校させるための手だてとしての「受容論」などを聞くこともあります。

あるときは、無理やり連れて行ったり、あるときはなだめたりすかしたり、ごほうびをあげると言って取り引きしたり、いろいろな手だてで学校へ行かせるのですが、結局は、本人の心からの要求にならない以上、その子にとって学校という子どもの社会へでることは喜びになり得ないのです。そして、『子ども社会』で、社会的な体験をしないまま大人になれば、大人になってから、その子は苦労するのです。

私は、社会に出るのに緊張、不安が強くて要領が悪くて人のジョークもわからなくて、さみしがりやで、母親や妹にはいばって乱暴で、結局自立できないで悩んでいる若者を多く診るようになりました。しかし、年齢的に大人になってしまうと、もう子ども時代のような発達の可能性はないのです。大人になってからは、子ども時代に培った『生きる力』を基礎にいかに自らを成長させていくか、あるいは大人としての知恵をつけていくかの段階なのです。

子ども時代に、『生きる力』を、それなりに育てていかないと、大人になってから本人はかわいそうなくらい苦労するのです。

大切なのは子どもの『生きる力』の育つ環境づくり

ですから、私は、個別の相談や指導ももちろん続けなければならないけれども、もっと視野を広く、しかも子どもの『生きる力』をしっかりと育てる環境づくりの運動をしなければならないと考えていました。

その運動は、登校拒否の子をもつ親だけが集まって、学校に対する不満を述べ合ったりするだけの会になってもいけません。また、学校の先生だけの「登校拒否児に対する対応の研究会」になってもいけません。

もちろん、そのような親にとっては学校に対する不満を言う場も、先生たちにとっての研究会もあってもいいと思うのですが、基本的なところに、親も教師もふくめて大人たちが手を取り合って、いまの子どもの育つ環境を、子どもの『生きる力』の発達を保持する環境に変革していく連帯の運動がなければならないのです。

そういう大人たちの信頼関係がないと、子どもの育つ環境の全体としての変革は不可能だと思います。学校も変わらねばならないが、いまや庶民の家庭の機能も、子どもの『生きる力』を育てる環境の基地として、大丈夫かどうか見直さねばならないのです。大人、なかでも親と教師がお互いに非難しあうのではなく、相互批判をしながらも、お互いに大人として成長し合えるような、子育ての環境づくりを、私は考えておりました。

新たにスタートした地域の「考える会」

そして、一九九四年千葉県東葛地域で活動している教組（東葛教職員組合、松戸市教職員組合など）の方がたや教育評論家の能重真作《のうじゅうしんさく》先生らも、同じような思いや願いをもっていらっしゃることを知り、みなさんの努力で『不登校問題を考える東葛の会』が発足したのです。

発足集会は、一九九四年六月一九日（日曜日）でした。発足集会の呼びかけ文をご紹介します（一一五ページ）。この会の趣旨、性格がわかると思います。発足集会には、一五〇名もの父母や教師らが参加しました。集会のあと、呼びかけ人らが手分けして、相談活動も行いました。その後月一回の例会（夜）、年に一から二回の昼間の集会（あとで相談活動を行う）を続けてきました。

「続けてきました」と言っても、まだ二年たらずですから、こういう会の運動のまとめについては将来誰かがきちんと書けるようになるでしょう。

今回は、当初からかかわった者（しかも親でも教師でもない）としての感想的な報告をして、みなさんの地域活動の参考にしていただければと思っています。

親と教師の連携・相互信頼がポイント

例会の設営は、学校の先生たちが中心です。月一回のニュースも、一人の先生が献身的に責任をもっています。大変な仕事ですから、みんな敬遠しているせいもあります。字ばかりですが、内容は濃くよく読まれています。参加者は、夜ということもあって一五から二〇名というところで落ち着いています。運営は分散会をしたり、全体会だけだったり、そのときでいろいろです。運営は、やはり親、特にはじめて参加した親の発言を多く保障しています。常になんらかの新しい問題が提起されます。ひとつのテーマをめぐって参加者が議論することも大切にしています。その中で、能重先生や私が、少し客観的な立場からコメントすることもあります。

いずれにしても、参加した親や教師が、自分のかかわっている子どもに対するときの視点に何らかのヒント、あるいは納得を得ることを課題にしています。この会に参加して、すぐ何かが解決するというわけではありません。むしろ、参加した一人ひとりが深く考えることを要求されるとすら言えます。

最近の例会の分散会での話題を一つ紹介しましょう。

子どもの生きる道は、大人が決めるのではない

ある高校生の母親から「不登校がはじまってから、この会で勉強もして、子ども本人の意思にまかせてきた。本人ものびのびとしていた。学校のことはまるで考えないで、地域のサークルに参加したりしていた。ところが三学期になって本人は、やはり高校を卒業したいと言い出した。定時制にするか、通信制にするか毎日悩んでいる。ここでうまくアドバイスしたい」という相談です。たしかに、いままで親ががまんをして何も言わない、本人にまかせるという態度が、本人の意思で学校の問題を考えるというところま

で前進させたと言えます。ここで一押ししたいというのが母親の気持ちです。しかし、私からみると、やはり子どもの『生きる力』を育てる視点ではなく、高校だけは卒業させたいという親の視点にもどってしまっているのです。私はコメントしました。「母親は、子どもの悩みを聞くことは大切だけど、ここで道をつくらないでいただきたい。編入のための手続きを調べたり、交渉したりなんて絶対だめです。いまこの子は『葛藤に耐える力』を身につけつつあるのです。ここで、また母親が『この道がいいよ』と言ったら、それがよくてもわるくても、この子は、『生きるために必要な葛藤を自分で処理する力』を身につけず、再びつまずいたときは、自分でできないでしょう」と。

小学生の母親から、学校側の対応が、学校によってさまざまである。ある学校では、せっかく保健室まで行ったのに、そこが開いていなくて、本人は帰ってしまった。もう少し配慮がほしいと思うなど。

それに対して、教師から、いまの学校対応はいろいろあって、「一人の登校拒否の子がいると、みんなで一生懸命取り組む学校もあれば、反対に、それは『その子の問題』とわりきって、何も考えない学校もある。それが実情で、やはり親からの働きかけも大切」などの発言もありました。

これらの議論についても、先ほどの高校生との関連で、私はコメントしました。「親も教師も一生懸命取り組むというのはいいが、問題は中身です。なんとか登校できるように道をつける、なんとか登校しているという形態だけをつくろうとする。本人の心はビクビク緊張して、頭はなにも吸収していなくても、というのでは困るのです。子どもは、自分で悩み乗り越え、『私はがんばれた』『私はつらいこともあるけれど生きているよ』と、実感できるような体験をしていないと、結局『葛藤に耐える力』はつかないのです。

子どものために一生懸命しなければならないことは、安心感を与える努力。自分が乗り越えるのを見守ってくれる大人が存在するという安心感が、子ども自身の『生きる力』を育てるのです」と。

これらは、たまたま私がコメントした分散会の例ですが、大概は、親も教師もそこに出された子どもの心をどう理解するか、たくさん議論されて、大人自身も子ども観を変え、子どもの『生きる力』を大切に見守っていく姿勢をそれぞれが確立していくのです。

例会では、私もふくめて、大人自身が学んでいくのです。そこには、すばらしい発見や感動があり、また勇気づけられるものがあります。

登校拒否をのりこえたAくんの話

例会に何度か出席して発言してくれたAくんの話も、私たちに大きな励ましを与えてくれるものでした。Aくんは、いまは大学生。当時は予備校生でしたが、第一回例会で、「私は、中学時代登校拒否をしていました。このお話をすることで、みなさんの問題を解決するてがかりになるのではと思います」と静かに語り始めました。小学時代は充実していました。中学の規則規則で息苦しい中、休み始め家に閉じこもっていましたが、苦しかったです。学校にもどりたいと毎日思っていました。親に泣かれたことが一番辛かった。そして、定時制高校を気持ちよく過ごして、一年浪人して大学に入ったのです。

第二回例会でも、彼の話を聞きました。

「なまけているのではないのです。必死になって、悪循環から逃れようとし、心の整理をしているのです。このとき、まわりから何かアドバイスされても、かえって混乱してしまいます。ひとことで言うと、この時期は、〝安心していられる環境〟を与えてほしいと思います」「閉じこもりの時期、部屋から一歩も出られないからといって、嘆く必要はありません。心配ありません。人間だれしもそういう時期があります。『不登校だから』というので問題にしているだけです」「心のなかではいつも学校での楽しさ、充実した気持ちを求めていました」「中学は結局ほとんど行かず、三回転校し、私にはいい思い出がありません。自分がそういう体験をして思うのは、これからは、こういう子をつくらないでほしいということです」。Aくんが、大学に合格し、この東葛地区を離れる時がきました。第七回例会での彼の話、「ここまで私が来れたのは、自分の道は自分で選んで自分で進んできたからだと思います。いろいろな道があることを教えてくれたのは、親や先生や友だちだけれども、選んだのは自分です」「ある時、私は『私は学校拒否から立ち直った』と言ったことがあるのです。そしたら、この会のある先生に『立ち直るというのは違うんじゃないか』と言われたのです。ああそうか、『立ち直る』では、登校拒否をしている子が悪いことになる。学校の先生が指導してくれた、そのことがとてもうれしかったです」

Aくんの話は、もっと深いものがあります。私たち大人に強い印象を与え、考えさせられました。彼の話は、決してよい思い出でない登校拒否を経験しながらも、いまは、しっかりと人間信頼の心をもって大人になった安定感にうらうちされているから、私たちを励ますのです。

子どもにも家族にも必要だった充電期間

母親の発言のなかでも、多くの感動的で教訓的な発言があります。第三回例会で発言されたBさんの話もそのひとつです。Bさんの子どもは、小四から中二まで四年間学校に行きませんでした。いまは、二一歳になり、生き生きと自らの夢に向かって活動しているという報告でした。Bさんの子どもが不登校になったころは、家業の倒産、夫婦不和など家庭の危機でもありました。そして「家のなかが明るくなり夫婦が愛情を取り戻したころ、子どもがまた学校へ行くようになりました」。しかし、この間に、ながい四年間があったわけですが、この間を支えたのは、親子の深い愛情、信頼関係でした。そして、Bさんは、「登校拒否は、わるいことではありません。将来を考えている時なのだと私は子どもから学ばせてもらいました」と言うのです。

Aくんにしても、Bさんにしても、辛かった過去を、いまは肯定的にとらえ、これからの『ともに生きる力』に転化させています。

安心感のある『子ども時代』の保障を

私たちは、現在の何万人もの子どもたちが、学校に行きたくても行けない心の苦しみを体験しないですむような学校、家庭などの環境を求めています。と同時に、多くの子どもたちが、辛い出会いや苦しい体験を自らの力で乗り越えて、逞《たくま》しく生きられる大人に育ってくれることも願っています。このふたつの課題は、私たち大人が、子どもたちを徹底管理するのではなく、愛情をもって見守る、子どもの発達を信頼するという姿勢で、安心感のある『子ども時代』を保障することでのみ達成できるのだと信じます。

私たちの会は、まだ生まれて間もないのですが、現在の管理主義の論理や超過密教育の実態に抵抗して、親と教師、そして研究者や臨床家らが共同して、地域のなかで、真に子どもの味方になれるよう、今後も地道な活動を続けることになるでしょう。

「不登校問題を考える東葛の会」結成のよびかけ

かつて学校は、とても魅力的で楽しいところでした。

とくに戦後の学校民主化の中で育った子どもたちは、大人になってからも、学校のよき思い出を語ることができます。

ところが、現在、多くの子どもたちにとって、学校は通過しなければならない「義務」になり、自分を発見し成長させる場でなく、目前の楽しさよりもきわめて不確実な将来の学習のために競争する場となっています。

一方、子どもを育てる基礎としての家庭は、大人の多忙さや価値観の混乱によって、子育て文化や機能はこわされ、子どもの基本的な「生きる力」の発達を十分に保障できないところが多くなっています。

その結果、学校においても家庭においても子どもの発達の権利がそこなわれ、将来大人として自立するにふさわしい力を身につけられない子どもが増えています。そのことは、現実に、さまざまな気になる問題行動としてあらわれていますが、中でも、不登校、登校拒否問題は、深刻な事態になっているといわざるをえません。

私たちは、このような事態を憂い、学校を子どもの発達するにふさわしい場に改善する運動を進め、また教師と親の信頼と連携を基礎に子どもの育つよりよい環境づくりに努力してきました。

しかし、一方では、教育、相談室、医療の場において、たくさんの相談や問題にぶつかっております。とくに、不登校、登校拒否の問題が増加しています。それぞれには精一杯対応していますが、アドバイスや小さな援助はできても、子どもの育つ環境を変革することができず、そのために子どもや当事者の苦悩を根本的に解決することができない無力感を味わっていることも現実です。

私たちは、それぞれの分野を生かしつつも、さらに大きく手を結び、子どもの育つ環境を正しく作りなおしていくネットワークの必要性を痛感しています。すでに全国的にさまざまな取り組みが実践されておりますが、どこでも試行錯誤のようです。私たちも目の前の子どもたちの問題…とくに、不登校、登校拒否を中心に…を、大人たちが手を結び合うことで、少しでも改善することを、ひとつの課題としつつ、一方で、根本的な子育ての文化の形成、現在の教育のありかたの根本的変更をめざす運動を、この東葛地域でもはじめるべきだと考えるのです。

そのような複雑で大きなテーマに取り組むために、どのように行動すべきか、私たちもまだ確立した方針をもっているものではありません。

ただ子どもの発達する権利を守り、大人の相互信頼を軸に、子どもの育つ環境に民主主義を貫くことをひとつの共通認識として、多くの大人（教師も親も）がともに考え、必要なことを実践していく、そのような場をつくりたいと考えるのです。その中で、具体的には、子育ての相談活動、子どもの居場所づくり、保育や教育の具体的な改善運動などが生まれれば、すばらしいと思います。

まず集い、ともに考えることを呼びかけます。


（一九九四年四月　「不登校問題を考える東葛の会」）

2　安心して過ごせる「ひだまり」の存在は大きい

不登校問題を考える東葛の会代表　鹿又　克之

一九八〇年代後半から一九九〇年代にかけて、学校に行くことがとても苦しいという不登校の子どもたちが増えました。親たちはどこに相談に行ったらいいかわからない、教員もどう関わったらいいか戸惑う状態でした。マスコミにも取り上げられ、社会問題となっていました。

私は小学校の教員でしたが、クラスでも、学年でも、学校でも、不登校の子どもたちが出てきて、どう対応したらよいのか、迫られました。

地域の教育研究集会でも、「登校拒否・不登校」の分科会を設置し、その運営に携わり、地域に呼びかけ、学び合いをおこないました。

石田先生といっしょにつくった「不登校について学び合う会」

石田一宏先生、能重真作先生から、「不登校や子ども理解を進める会をつくろうではないか」と、親・教員・地域の人々に呼びかけがあり、準備の話し合いの会が積み重ねられました。

石田一宏先生は、新松戸診療所所長をなさっていて、長く子どもたちや親たちの相談にのっていました。『登校拒否を考える』（青木書店・一九八九年）を出版され、不登校とは何か、どう援助したらいいか、豊富な事例をもとにわかりやすく著し、講演会、研修会、研究会の講師もなさって、地域でとても頼りになる存在でした。

能重真作先生は、非行について学びあう会を立ち上げながら、東京総合教育センターなどの電話相談で、子どもや親の相談にのっていました（能重真作　非行克服支援センター元理事長）。

一九九四年四月、「不登校問題を考える東葛の会」発足集会の呼びかけがなされました。『目の前の子どもたちの問題…特に不登校・登校拒否を中心に…を、大人たちが手を結ぶことで、少しでも改善することをひとつの課題としつつ、一方で根本的な子育て文化の形成、現在の教育の在り方などの抜本的変更などをめざす運動を、この東葛地域でもはじめるべきと考えました』（結成呼びかけ文からの抜粋）

一九九四年六月一九日、柏公民館を会場に二〇〇人の参加で発足集会が開かれました。案内のチラシを握りしめるようにして、緊張と強い期待の面持ちで入場するようすがありました。石田一宏先生、能重真作両先生から基調提案がなされ、親・教員から事例報告がありました。後半は個別相談コーナーで、三〇人が参加しました。会の代表に、元中学の教員で地域の教育運動に関わっている高橋健が就きました。

翌七月に第一回の例会を開きました。会の発足を伝え聴いた予備校生Aさんから「私の不登校の体験を聴いて、参考にして欲しい」と体験の紹介がありました。三〇人ほどの参加があり、耳を傾けました。Aさんのお話の概略です。

「私の小学校時代は、楽しく充実していました。中学は、規則規則で息苦しくなりました。ちょっかいを出す人がいて悩み、先生に相談したけど、真剣には聴いてくれません。竹刀でたたく、暴力を振るう先生も居て、学校がいやになりました。休んで校則が変わった事を知らず、〝校則を破った〟と頭ごなしに叱られ、家に閉じこもりました。明日は行こうと思っても朝には行かれず、自己嫌悪に陥り苦しみました。学校に戻りたいと毎日思っていました。二年の時、しばらく遠い民間の宿泊施設に行かされましたが、家に居ることが一番いいと思います。卒業式前〝来ないと卒業させない〟と言われ、やっとの思いで一〇日間は行きました。定時制高校に入りました。登校拒否を体験した人がたくさんいてホッとしました。先生や友だちはやさしく、勉強は楽しくなりました。いま予備校生ですが、カウンセラーになりたくて勉強しています」

会の終わりには、石田、能重両先生のコメントがあり、うんうんとうなずけるものがあり、とても学ぶものがありました。

第1回例会の石田先生のコメントです。

「Aさんの話を聴いて感銘深いものがあります。その時点というのは何とも言いようのない、友には言えない、重い重い葛藤を抱えているわけです。ちょっとよい変化をしたから、ちょっときょうは機嫌がいいから、解決するんじゃないかと、〝がんばって〟と言ってしまうことが、後退させてしまうのです」

私たちは、ちょっとした変化に「ああよかった。このままいい方に向かってほしい。学校に行ってほしい……」と気持ちが動いてしまいます。コメントを聴きながら、そうではないのだと考える時間をつくることができます。

私は、例会の内容はたいへん学びも大きいし、感動的なものであるとあたためていた考えがありました。参加していない人にもぜひ知らせたいと思っていました。「ニュースにして送ろう」と提案し、慣れぬワープロで作成しました。ニュースはたいへん好評で「都合で例会に行かれないけど、ニュースを読むととても励まされます」という声が寄せられました。またがんばってニュース発行に励みました。

第三回・一〇月例会は四十数人の参加で、その中に「私の話を聴いてもらえますか」と女性（母親）Bさんの話がありました。その概略です。

「私の子どもは、小四から中二まで四年間学校に行きませんでした。きっかけは体育のあと〝くさい〟と言われたことです。ちょうど同じころ家業も倒産し、夫婦の間も亀裂し、離婚寸前でした。子どもは部屋から一歩も出ず、畳も腐るほど。私は絶望し、子どもを殺して自分も死のうと思いました。包丁を持ち子どもに迫った時、子どもが涙を流し、その涙を見てハッとして思いとどまりました。

アドバイスしてくれる人がいました。〝子どもを信頼しましょう〟〝焦らないで〟など。そのことばに救われました。これが良かったと思います。家が暗くなったことを反省し、明るく、仲良くなるよう努めました。夫婦が愛情を取り戻したころ、子どもは学校に行くようになりました。振り返ると登校拒否していた四年間は決して無駄ではなかったと言えます」

「充分に安心感を与えよう」　石田一宏　一九九四年一〇月号東葛の会ニュースから

「Bさんは、Bさんの子どもが小四から中二まで登校拒否し、その後しっかり自立している体験を語って、〝あの子の登校拒否は無駄でなかった〟と発言された。とても感動的で、いま悩んでいる親子をはげますものであったと思う。しかし、冷静にコメントすれば、Bさんもいま結果的にそう言えるのであって、いま渦中にある親子にとってみれば、〝いまの不登校、登校拒否が将来の自立のために無駄でないために、どうしなければならないか〟という問題を投げかけているのである。

登校拒否をしていない子も同じだが、思春期には自分の弱さや環境との葛藤を言語化し、自ら乗り越える格闘をしなければならない。そのような主体的な努力を、まわりは保障してあげる必要があるのだ。Bさんの子どもは、そのような悪戦苦闘を避けないで苦しんだ。そして、親が態度を変え、安心感を与えるようにした時に、彼女は自ら動き出した。そのように思う。

親は安易に登校刺激をするのでなく、充分に安心感を与えつつ、その子の精神発達を助ける視点を持たねばならないと思う。

そして、教師は、そんな時、動揺しがちな親を励まし、支えてあげる役割があるのではないか」

石田先生は例会会場やニュースで

「本人が、不登校や悩みと向き合い葛藤し、決断する体験をたくさんすること」

「何よりも家族の中に居る安心感を感じられるように、家庭の雰囲気をつくっていかねばならない」「その子が落ち着いて、穏やかになると、発達要求が表れ始める。必要なのは人間的な温かさに包まれた安心感である」などと述べていました。その的確なコメントを深くみんなで学びあうことをしてきました。

その後も毎月定例の親の会を開きました。参加者は三〇人から四〇人ぐらいで、全体会や分散会で話し合いました。

しばらくすると、不登校をしている子どもたちの中から、親が例会に参加して話し合っていることに興味を持って、「自分も参加したい。聴きたい。話したい」というようになりました。

中高生たちは、親の発言に耳を傾けながら、心の中を教えてくれるようになりました。

「昼夜逆転をするのは、昼間はみんなは学校ですごしているなと思ってつらくなり、寝ることで意識しないようにし、夜は安心して何かをするのですよ」

「家の中でだらだらして、何もしていないように見えるでしょうが、頭の中はいつも何か考え、休んでいません。嵐です。でも、それは必要な時間なのです」

「親としょっちゅう言い合いしましたが、お互いの気持ちを出し合うことってだいじと思います。親がよく話を聴いてくれるようになって、関係がよくなりました」など語り、聴いている親たちは、子どもたちは実に深く考えていると感動しました。

同時に「家では何も語ってくれない我が子も、このような気持ちを抱えているのだろう」と想像することができました。

電話相談も受け入れるようにして、退職教員たちが相談を受けました。石田先生が、相談をどう受けるか、研修を進めてくれました。

毎年6月には講演会を開き、地域に参加を呼びかけました。また進路相談会を一〇月に開くようになりました。親の会では、「不登校していると、高校には行けないのではないか」という発言が多数ありましたが、高校の教員たちが「高校には、中学で不登校をした生徒たちがたくさん入学しているし、新しい環境のもと休まず登校している例は多いのですよ」という話があり、「進路相談会を開こう」となったものです。

活動は一気に進展し、小冊子を発行し、不登校をどう理解するか、いじめ問題をどうみるか、親の体験記など載せました。ある親が原稿に向かっていると、不登校している高校生が「何をしているの」と聞いてきて、趣旨を話すと「それなら、僕にも書かせて」と積極的に自分の体験を書いてくれた、ということがありました。

会員数は、親・教員、地域の関心ある人などで、一八〇人ほどが続きました。

子どもの居場所『ひだまり』と子ども・青年の声

親たちから「元気になってきました。でも、まだ学校に行こうとはなりません。この子たちが楽しく過ごせ、人と安心してつきあえる居場所があったら」という声が出るようになりました。そこで、「子どもの居場所をつくろう」ということになり、資金集め、場所探しを始めました。

歌手の奥野真理子さんから寄付があり、歌手佐藤光政さんからは「私を使って欲しい」という協力申し出があり、チャリティーコンサートを開いて資金集めを始めました。

一〇年間に一二回、コンサートをおこないました。資金を積み重ねていきました。

石田先生から「居場所でだいじなことは、子どもが安心して過ごせ、信頼安心できる人たちと過ごせること」「自分がやりたいことに取り組め、自己決定ができる場であること」「人が集まれば、トラブルも起きる。よく子どもたちのようす、声に耳を傾けること」などお話があり、どんな居場所をつくっていこうかと研修を重ね、具体化できる話し合いをしてきました。

一九九九年六月、五周年のつどいで、『子どもが主人公になる時』を講演なされた石田一宏先生に、急に病が発見され、二〇〇〇年二月亡くなられたことは、とても残念で、悲しいことでした。大きなものを失ったような気持ちでした。しかし、教訓はいまも生きています。

子どもの居場所「ひだまり」発足

ＪＲ北松戸駅から三分、六号線沿いのビル二階二〇坪（二部屋）が借りられ、二〇〇三年五月、子どもの居場所『ひだまり』を発足することができました。

親や教員、退職教員など世話人として十数人ほどが運営にあたり、近隣の大学に、子どもたちと楽しく交流してくれるボランティア大学生の紹介を依頼しました。

子どもの居場所『ひだまり』が始まった時から、大学生スタッフとして来てくれていた中村さんが、次のような文を寄せてくれました。

ともに楽しむ心　　中村哲史

早いもので、私が子どもの居場所『ひだまり』のスタッフになって一年半になります。いろいろな子どもたちとふれ合い、私自身が楽しませてもらっています。

私は、不登校は、何とか現実と折り合いをつけようともがき抜いた結果、つまりある意味では適応している状態なのではないかと思うのです。私自身も大学に入って一年半ほどの不登校体験があります。

不登校は「不適応」というレッテルをはられがちです。しかし、いまの私はそのようなネガティブなイメージではとらえていません。学校に行かないことを選ぶことによって、自分自身を守る、枯れ果てたエネルギーをためる、といったポジティブなイメージを持っています。つまり、その子がこれから先の人生において、自分らしく生きるために必要な時間だと思うのです。

私がこう思うようになったのは、自分自身の体験を振り返る作業の中でしたが、この思いを確信に変えてくれたのは、『ひだまり』でのある青年との出会いでした。

彼は、中学生からひきこもり、二〇才で『ひだまり』を利用するようになり、私は彼と関わることになったのです。彼の好きな黒澤明やチャップリンの映画や本のことなどを話題にしながら、少しずつ自分を出し合いました。

ある時、私は不登校体験をふくめて自分の人生を話しました。彼は真剣に話を聴いてくれ、「その時間は、中村さんにとって、必要な時間だったのですね」と言いました。

「一見遠回りに見えるその時間は、無駄な時間じゃなかったよ。その時間があったからこそいまの自分がいるのだから」私はこう答えました。

すると、彼はひきこもっていた時何を考えていたのか、振り返ってどう思うか話してくれ、こう言いました。

「僕にとっても、必要な時間だったんですね。当時はそう思えなかったけど、今ならそう思います」

その後、彼は定時制高校に入学し、勉強やバイトに励んでいます。

学生スタッフや子どもの声に、そういう気持ちだったんだと気づかされながら、運営委員は、きょうも「ひだまり」で子どものようす、つぶやき、聞こえてこない心の声を聴いて、子どもといっしょに、ゆっくりとした時間を過ごしています。

「きょう、卒業したよ」と報告してくれた子がいま社会人となり

中学三年の女の子が、春『ひだまり』に通い始め、子ども、大学生、世話人と交流しました。三月「きょう、卒業したよ」と報告に来ました。世話人に「苦しかった。でも、ここまでがんばってきた。私の体験を書き、いま苦しんでいる子、親たちの力になりたい」と言い、ひと月後、体験記を渡してくれました。今まで断片的に聴いていたことが、詳しく知らされました。

「中学に入学してしばらくしたら、ボスみたいな女子が他の子も使っていじめてきた。悪口、無視、机の中にゴミ。ノートに死ねと書き、椅子に画びょう……など続いた。先生に訴えたら話し合いを持って

くれたが、チクったといじめはエスカレートした。苦しくて眠れず、起きられず、家から足が出なかった。親に話すと『やり返せ』とよく聴いてくれなかった。朝、母ともめていると父に頭を殴られ、ひんぱんに言い合い、たたき合いになった。吐きながら登校した。カウンセラーが間に入って、家で休養することになった。親とはまったく話をしなくなり、部屋でひきこもり生活をしていた。親が、子どもの居場所『ひだまり』を探してくれた。子どもも大学生も、みんな優しかった。よく話を聴いてくれ、楽しく過ごせた。特に自分のお子さんが不登校になった体験を持ったおばさんが、とてもよく話を聴いてくれ、支えてくれた。休んでいても高校に行けると知らされた。自分に合った私立の通信制高校を選んだ……」

この体験記は、不登校問題を考える東葛の会出版の小冊子『不登校という宝物』の最初のページに載せることができ、多くの方々に読んでもらえ、得ることがとても多いと好評でした。彼女は、通信制高校では楽しく勉学に励み、元気を回復し、社会人となって働いています。

自然の中でお泊まり会　体験が子どもを育てる

子どもの居場所『ひだまり』の活動は、石田先生が教示してくれた方向性をかなり具体化できたのではないかと振り返ります。それは、私たち運営にかかわる者の喜びでもあります。

子どもたちに楽しい自然体験、宿泊体験をさせてあげたい、という声が出ました。

新潟県十日町に廃校をリニューアルした宿泊施設があり、子ども、大学生スタッフ、親、世話人たち二十数人で二泊三日の旅に、バスで出かけました。『日本の里山百選』に選ばれた美しい棚田があります。ゆったり過ごすことができて、美味《おい》しい地元食材の料理を味わえ、地元の方がたと親しく交流ができ、からだも心もあたたまる温泉のある地でした。

昔ながらの山村風景が残り、ブナの美人林《びじんばやし》、自然資料館、田島征三の「木の実と絵本の美術館」、大地の芸術祭の作品群など、盛りだくさんの見学ができました。

お泊まり会を実施して、子どもたちに大きな変化が起きていることがわかりました。自分の思いを自然に、率直に出せるようになったこと、表情がのびのびと明るくなったことなどです。子どもたちの変化をとらえることの喜びを話し合うなかで、毎年、お泊まり会をおこなおうと意見が一致し実施することになりました。

また、豪雪の十日町を体験してみよう、と冬のお泊まり会にしたこともありました。積雪数メートルの壁の中を歩き、雪合戦、雪だるまづくり、かまくらづくりを楽しみ、宿舎から大雪の里山風景をながめ、どんど焼き、鳥追いの風習を体験したのも、子どもたちにとって心深く残る思い出となったようです。大人の私たちも心が洗われた体験でした。

石田先生が、よく「自然を感じながら過ごすことがたいせつ」「感動体験がだいじ」「安心・信頼できる人との交流が大切」と語っていました。この宿泊体験こそ石田先生の主張した意義だろうと思います。その後も宿泊体験は、毎年ずっと続けています。

第二次不登校急増期に入っています

一九九四年不登校問題を考える東葛の会発足当時、文科省統計によると不登校（欠席三〇日以上）は、小中で約七万人でした。

その後も増えて一二～一三万と増え、高止まり状態が続きました。

二〇一九年発表の統計では、二〇一八年・小学校四万四八四一人（前年比九八〇九人増）、中学校一一万九六八七人（前年比一万〇六八八人増）、計一六万四五二八人（約二万〇四九七人増）と急増するようになり、第二次不登校急増期と言われています。

日本財団の調査では、出席扱いになっているけれど、限定的な時間しか教室に入っていない、まったく教室に入っていない〝隠れ不登校〟はその三倍いるということです。学校はこれからますます多忙なところになりそうで、不登校は増えていくのではないかと推定されます。私たちは、この動向にどう向きあい、活動を進めていったらよいのか、考えます。

今回、不登校問題を考える東葛の会「ひだまり」の実践を執筆にあたり、石田一宏先生の発言・著作を振り返ってみました。その見解は古くなったどころか、現在に適応し、とても大事なことを語っていると思いました。あの開拓期に研究し、明らかにされたことは、私たちの学びを誘うものとなっています。

3　野菜と米つくってひきこもりからの脱出

不登校問題を考える東葛の会　事務局長　岩根宏

私が農業に惹かれるわけ

いまから一五年前、「登校拒否・不登校問題全国連絡会第一〇回　全国のつどい」が千葉市で開かれました。私は、この集いの全体会で、不登校問題を考える東葛の会のお母さんたちと、朗読劇に参加させてもらいました。『稲の旋律』（旭爪あかね著　新日本出版社刊）です。

激しい競争社会の中で人に対する恐怖とひきこもりの生活をしていた女性（千華）が、土と共に生きる誠実な農家の青年と出会い、自然の中で共に生活していく中で、新たな自立の道を懸命に模索する小説です（映画にもなりました）。

私は朗読劇で農家の青年、晋平役を演じました。心身ともに疲れはて自分を見失っている千華を、おおらかに丸ごと受けとめる晋平の懐の広さに共感しました。何度も原作や台本を読んでいくなかで、晋平の生き方そのものが、彼の人柄をつくっているのだと思いました。厳しい自然を相手に、まじめに一生懸命に農業に取り組む姿、仲間を信頼し楽しく米づくりをする姿に魅力を感じました。

この年の秋に、知り合いの田んぼで朗読劇の仲間と稲刈りをさせてもらいました。時間はかかっても、一束ずつ鎌を使って刈り取っていく作業は大変だったけれど、とても充実した時間でした。みんなでやりきった達成感を持てたのです。隣の田んぼでは、コンバインであっという間に稲刈りと脱穀を済ませていました。

私は、それからというもの農業に惹かれ、いまでは地域で田んぼを借りて米づくりをしています。仲間といっしょに「お田んぼクラブ」という団体を立ち上げ、親子で米づくりをして、ことしで一〇年目になります。

自然の中でいっしょに米づくりの体験をしてほしい、私たちの主食である米がどうやってできるのか体験を通して学んでもらいたいと思っています。田んぼや畑は四季を感じさせてくれます。多くの生き物と共生しながら、自然を相手に作物を作ることは、とても大切なしごと、いのちを守り育てることにつながることだと思います。

さて、ひだまりでは、二〇一七年三月から若者支援の農業活動を始めています。

子どもの居場所「ひだまり」に通う青年や、不登校問題を考える東葛の会会員のお子さんたちを対象に呼びかけ、初年度は六名の青年たちが参加しました。

ひだまりには、小学生から二〇代の青年たちが通ってきます。学生スタッフや大人の世話人たちと関わる中で、少しずつ元気をとりもどしていく子どもたちが大勢います。

しかし、小中学生とは違った将来に対する様ざまな不安や悩みを抱えている青年たちもいます。「高校は卒業したけど、この先どうしよう？」「働きたいけど、うまく仕事ができるだろうか？」「アルバイトしてみたけど人間関係がうまくいかない」……こんな呟《つぶや》きがきかれます。青年たちが、いつまでもひだまりで過ごすわけにはいきません。いつかはひだまりを巣立って行くことになります。

そんな青年たちが、自分の意思で動き出し、将来のことを考えるきっかけになればということを考えてきました。そこで、ひだまりでは農業活動に取り組むことにしたのです。私の好きな農業を青年たちといっしょにやってみたいとはじめました。

自然を相手につくる喜び

若者支援としての手段が、なぜ農業なのか。それは、何よりも自然（土）を相手にするからです。自分の力で土を耕し、種を蒔いたり苗を植えたりして作物を育てる。作物の生長を自分の目で確かめ、収穫の喜びを味わえます。時には台風や大雨などの自然災害に見舞われることもあり、自然の力の大きさを実感します。

これらの作業を仲間と一緒に楽しくできます。自分のペースを大事にしながら……を念頭に置いています。よけいなことを考えず土に触れていると、心が落ち着き癒されます。季節に合った野菜を育てることで旬というものにふれることもできます。

ひだまり農業活動の目的は以下のように考えています。

①ひだまりに通う青年や、家庭にひきこもっている青年たちの就労や進学など、様ざまな進路に向けての一歩、きっかけづくりとして、農業体験活動の場を提供する。

②自然の中で共同して野菜づくりを行う中で、働くことを実感してもらう。

③野菜の栽培を通して、自然や食に対する関心を持てるようにする。
④野菜の販売方法などについてみんなで考え、実際に販売に関わることで、様ざまな人と出会う機会にふれる。
⑤農作業や販売に参加した時、少額でも労働に対する対価（アルバイト料と交通費実費）を支給することで、働く意欲を持てるようにする。

農業活動の発展は、どこまでも続く

ひだまりの農業活動は生産だけにとどまらず、販売を通してお客さんとの人間的交流も深まっています。

◎生産活動　・年間通しての野菜づくり（毎月二回畑での農作業）
◎販売活動　・直売所等での野菜の販売（年二回のひだまりcafé）
◎県外研修　・長野県飯山市、飯綱町での農業体験研修
◎地域とのつながり　・流山お田んぼクラブのお米づくりにも参加

プロの農家に教わって、わきでる好奇心

専業農家Aさんの広い畑の一角を借りて、毎月二回農作業をしています。Aさんは東葛の会の会員でもあり、ひだまりの農業活動に非常に理解があり、親身になって協力してくれます。青年たちにとって、農業は未知で体験したことのない世界。野菜の名前もよくわかりません。もちろん鍬《くわ》を持ったこともありま

せん。Aさん夫婦とおばあちゃんは、そんな青年たちに鍬の持ち方から土の耕し方など基本的なことをていねいに教えてくれました。そして、いつも青年たちのことを温かく見守り、励ましの声をかけてくれます。

農作業は、三月のジャガイモの植付けから始まりました。あらかじめトラクターで耕してもらっていた畑に、鍬で植付け用の畝《うね》を作っていきます。初めはなかなかうまくいきませんが、少しずつできるようになっていきます。まさに手取り足取りで教えてもらい、「じょうずになったな」とほめられて喜ぶ青年の笑顔。

畝ができると、ジャガイモを等間隔に並べて、その間に肥料をまき、最後にまた土をかぶせて終了です。青年たちの作業には個性が出ますが、全体的にていねいです。自分の納得するやり方にこだわります。時間はかかっても、大事なことだと思います。

この日は、春大根の種まきもしました。青年に限らず、大根の種など見たこともない人がほとんどでしょう。青年たちは、大根の種を手に取ってみて、その小ささに驚きます。「こんな小さな種からあんな大きな大根ができるなんて」ある青年がつぶやきました。農業（野菜づくり）には、そんな発見や驚きがたくさんあるのです。

ひだまりでは、年間通して野菜づくりをしています。すべて露地栽培なので、季節の野菜を栽培することになります。春はジャガイモ、大根、インゲンなど、夏はズッキーニ、ミニトマト、ナス、ピーマン、スイカなど、秋冬はサツマイモ、里芋、人参、聖護院《しょうごいん》大根、大根などです。

種まきや植付け作業は大変ですが、収穫はうれしいものです。初収穫したものは、基本的に青年たちのお土産として家庭に持ち帰ってもらいます。穫れたての新鮮野菜は、とてもみずみずしくて美味しいので、青年たちも楽しみにしています。苦手だった野菜が好きになり、食べられるようになったという青年もいます。

感動が生む——新しい野菜づくりに挑戦

一年目は、Aさんと相談して、比較的手間のかからない野菜を作っていたのですが、二年目からは、青年たちの中から作ってみたい野菜の候補（人参、ピーマン、黒大豆など）が上がり、栽培にチャレンジしています。青年たちの意欲を大事にしたいと思うからです。

毎回の作業後に簡単な振り返りをしたり、一年のまとめや新年度の活動に向けた話し合いをしたりしています。この積み重ねで、青年たちは少しずつ自分の思いや考えを出すようになってきました。話し合いで大事にしているのは、誰の意見も決して否定しないでしっかり聞くということです。このことで、青年たちは安心して自分の意見を言えるのでしょう。もちろん、一緒に活動している仲間に対する理解と信頼が深まってきたからだと思います。

ある青年は、幻の江戸野菜「三河島菜」を復活させたいと、みんなに話しました。自分の地元三河島で、昔作っていた野菜を復活させようという取り組みを知った彼は、ひだまりで栽培できないかと提案したのです。早速、彼がもらってきた種を蒔いて栽培を始めました。収穫後、みんなで何品か試作して食べてみると、癖がなくとても美味《おい》しい葉物野菜でした。青年たちは、自分たちが試作した三河島菜のレシピ集も作成して、ひだまりcaféなどでも宣伝販売しました。今では、スーパーにも売っていない、この三河島菜のファンができるほどになりました。

自信につながる――たくさんのお客さんに出会える直売所

ひだまりの農業活動では、自分たちが育てた野菜をたくさんの方に食べてもらいたいという思いで販売をしています。昨年からは、毎週一回定期的な直売所を開くことができるようになりました。青年たちの活動を応援したいという方のご協力で実現しました。

この直売所を開くにあたり、青年たちと一緒に地域の家々にチラシのポスティングをしました。その効果もあって、ご近所の方も少しずつ来てくれるようになりました。お年寄りのお宅には、青年が配達することもあります。また、青年たちの活動を知って応援のために、わざわざ遠くから買いに来てくれる方も増えました。

青年たちは、毎週交替で直売所に来て、野菜の販売をします。お客さんから声をかけられると、初めは緊張していた者もいました。しかし、回を重ね経験を積むと、お客さんの質問に答えたり、おすすめの野菜を紹介したりできるようになってきました。お客さんから、「おいしかったよ」「がんばってね」と声をかけられたり励まされたりすることが、うれしく自信にもつながっているようです。

そして、もっとたくさん売れるようにするにはどうしたらいいか、青年たちが考えるようになってきました。試食、レシピ、チラシなど具体的なアイデアが出されました。

直売所での販売には農業活動に参加している青年全員が来ているわけではありません。農作業に比べ販売というのは、ハードルが高いのだと思います。見ず知らずの人に会うのは、誰でも不安があり緊張するものです。しかも販売するとなるとなおさらです。

青年たちには、自分の出来ることを無理せずにやって欲しいと思っています。販売もおもしろそうだからやってみようかなと思ったら、参加してみればいいのです。現在販売に関わっている青年たちにも、それぞれ自分のペースとやり方があり、なかなかおもしろいです。

次の活動につながって――ひだまりcaféでお客さんをもてなす

ひだまり農業活動を始めて三年。毎年、初夏と秋に一回ずつ、ひだまりを使ってカフェを開いています。青年たちの中から、自分たちが作った野菜を使って、お客さんに料理を提供してみたいという声がきっかけになりました。青年たちの願いは、「自分たちの作った野菜を食べて買ってもらおう」「農業活動を多くの人に知ってもらいたい」ということでした。

カフェをどんな場所にするか、どういう料理を作るかなど、青年たちと何度も話し合いを重ね、料理の試作もしました。このカフェは青年たちが主役（スタッフ）で、大人の世話人たちはサポーターとして支えることにしました。ほとんど料理の経験もない青年たちでしたが、一生懸命調理に取り組む姿が印象的でした。

提供する料理は、自分たちが栽培した旬の野菜を使うために、初夏はジャガイモ、秋はサツマイモをメインにしています。最近は、お菓子作りの得意な青年が焼いたケーキも一緒に提供しています。

カフェ当日は、毎回四〇名ほどのお客さんが来てくれます。青年たちは、接客・配膳・チケット・野菜販売の係を受け持ち、実によく働きます。青年たちのていねいな対応や仕事ぶりがお客さんの間では評判になるほどです。

また、スタッフである青年たちを裏で支える大人たち（学生スタッフも含め）もたくさんいて、その存在は彼らに大きな影響を与えています。一緒に話し合ったり料理を作ったりする中で、自分のことを理解し受けとめてくれる大人に出会えるからです。昨年からひだまり café に参加し始めた青年がいます。人前には出ませんが、裏方でしっかり自分の仕事をやってくれます。このひだまり café を開催することが、彼らの自信にもつながっているのだと思います。

新しい発見——長野県での農業体験研修

ひだまりの農業活動では、二年目から長野県飯山市での農業体験研修を行っています。千葉県から飯山市に移住した教員仲間Bさんが、ひだまりの活動を理解し応援してくれることになったのです。飯山市北原集落は、都会との交流事業を大切にして、長年「北原ふるさと学校」「くるみオーナー制度」などを行っています。このふるさと学校に参加させてもらう形で、三泊四日の農業体験研修を行いました。

集落の公民館をお借りして、みんなで自炊しながらの共同生活です。青年たちと一緒に、地域のことを知り交流をしたい、地域ならではの農業にふれたいと考えました。青年たちと一緒に、トマトジュース用のトマトを収穫したり、お年寄りの畑でジャガイモの収穫を手伝ったりしました。また、集落近くの青年農家Cさん（30代）のところでは、鶏小屋を作るお手伝いをしながら、たくさん話を聞かせてもらうことができました。

このCさんのところには二年連続しておじゃましていますが、青年たちにとっては、とても印象に残った方です。農業に対する熱い思いとその行動力に圧倒されますが、青年たちの自己紹介にも耳を傾けながら、彼らの質問にも誠実に答え励ましてくれたのです。

「失敗してもいいんだ。まずは動いてやってみよう」「うまくいかなかったら、そのわけを考えてまたやり直せばいい。何度でもやり直せる」

初めて出会った時、こんな言葉をかけて青年たちの背中を押してくれました。不登校の体験からひだまりの居場所に来て、そこから農業活動に参加するようになった青年たち。自分の今後を真剣に考え、動き出そうとしている彼らには胸に響いたことでしょう。

二年目に訪れた時、Cさんは一年後に再会した青年たちが一歩動き出していることを素直に喜んでくれました。そして、今後何のために働き生きるのかということについて、次のような言葉を紹介してくれたのです。

私の仕事は　食べていく為の仕事　　Rice　Work　なのか
好きだからする仕事　　　　　　　　Like　Work　なのか

人の役に立ち感謝される仕事　Life Work なのか
世の中を明るく照らす仕事　Light Work なのか

Cさんは、「自分もいつかは、Light Work をしたい」と話してくれました。長野県での農業体験研修では、Cさんを始め、たくさんの魅力ある方と出会うことができました。毎年最終日には、お世話になった集落のみなさんを公民館に招待して、カレーライスを食べて頂きながら交流会を行っています。地元の新聞社が取材に来て、青年たちにインタビューしてくれました。

また、昨年はお隣飯綱町のリンゴ農家さんにもお世話になりました。飯綱町は、長野県でも有名なリンゴの名産地。これまで全く知らなかったリンゴづくりにも触れることができ、葉摘みや収穫作業を手伝わせてもらえました。青年たちは、農家さんの真面目で誠実な人柄と、リンゴに対するひたむきな愛情を肌で感じていたようです。

感動体験が生き方を考えることに

ひだまりが農業活動に取り組んで三年。青年たちとの農業活動は、たくさんの方たちの理解と応援を受けて広がり深まってきています。そして、青年たちは少しずつ動き始めています。自分の進む道をしっかり見つけて活動を始めた青年もいれば、自分のやりたいことを実現するために勉強を始める青年もいます。もちろん、まだ自分のやりたいことを模索している青年もいます。もっと本格的に農業をやってみたいと、自分の畑で野菜づくりを始めた青年もいます。進む道は人それぞれで、それは当たり前のことです。

しかし、彼らの変化は、一緒に考え一緒に動いて活動する中で生まれたものです。おたがいに自分の思いや考えを出し合う、誰にも否定されず受けとめてもらえ、一人ひとりが尊重される、そのことを何より大切に活動してきました。

青年たちには、いろいろな場面で様ざまな人たちと出会って欲しかったので、その機会を多く作るようにしてきました。ひだまりにいただけでは出会えないような人たちに出会うこともでき、その人たちからも多くのことを学ぶことができたと思います。青年たちにとって、何より大切だったのは、いろいろな方たちとの出会いだったような気がします。

協力してくれる農家の方からは、農業に対するプロの思いや工夫にふれることができました。一緒に活動する仲間からは働くことを通して、これまで気づかなかった仲間の人柄を知ること。野菜を買ってくれるお客さんからは、応援してくれる人たちとの会話で、自分たちの農業活動を振り返り、次への意欲につながりました。支えてくれるスタッフやサポーターからは、信頼できる大人との出会い。それらのことがすべて、人への信頼を高めたり、自分に少し自信が持てるようになったりすることにつながっているのだと思います。

そして、青年たちは今、農業活動（野菜づくり）の楽しさやおもしろさに気づいています。ひだまりの農業活動は、若者支援ということで始まったのですが、いま言えることは青年と支援者の立場を超えて、一緒に農業をする仲間だということです。みんなで知恵と力を出し合って、一緒に活動する楽しさを実感しているきょうこの頃です。

4章　子どもの発達の臨界期

石田かづ子
須永　道代

1　三〇年間のデータ比較から子ども時代の意味を読み解く

一　発達の法則をとりもどすために

いま、子どもの発達のゆがみの実態をみるとき、心の問題としてとらえることが大きくクローズアップされるようになってきています。心の問題としてだけで対処できない子どものからだと心の実態を、「発達の法則に沿って発達しているか」という視点でとらえ、発達の法則の道筋で子どもを育てることを、「子どもの発達研究会」で学んできました。

何が原因かわからないような子どもの発達のゆがみ（おちつきがない、暴力的、事件をおこしてしまう、不登校になる、パニックをおこす、勉強ができない、会話が成立しない、視線が合わない、…など）をdisorder

としてとらえてみました。

からだと心の問題の弁証法的な関係（からだで表している現象は、心の問題と深くかかわりあっている）のなかから、子どもをとらえることを学びました。

乳幼児のときに、夜決まった時間に寝かせられて、夜になったら寝るという条件反射を学習していない子が大勢います（脳神経回路がうまくいっていない）。しっかり眠り、しっかりめざめることが発達の土台であることについては、後の論で明らかにしたいと思います。

覚醒すると、つぎに意識（感情）が存在するかということです。ぱっとめざめたとき、意識（ああ、いい気持ち、寒いなあ、いやだなあ……）を持ち、現象的分析ができるか（大人だったら行動している）ということです。感情が行動のきっかけをつくります。どういう感情が存在するかが大事な点です。言葉を獲得する前の感情体験が、その後の発達にかかわります。穏やかに優しく抱かれて、語りかけてくれる母親（母に代わる大人）がいて、「あったかい、優しい」という感情がわく体験が、からだで感じてのこっていることを大切にしていきたいものです。

感情体験の獲得をした後、認識（言語）の獲得と続きます。犬も猫も「ワンワン」と言っていたことが、犬には「ワンワン」という名前があるのだと概念把握ができてきます。感情体験が先にあってイメージの概念化があり、言語を獲得し、意思（未来へ向かう）を持って行動することができるのです。

覚醒→意識→感情→言語→意思、この発達の法則をとりもどしていくことが、子どもがいきいきと生きていく力となるでしょう。

二　子ども時代のルネサンスを――中学生の生活・三〇年間の推移

三〇年前（一九六七年・四〇代の親が中学生であったころ）と比べると、中学生の生活はどう変わったでしょうか。七年間、小学校に勤務していて、一九八八年に戻った中学校でびっくりしたことは、あまりにたくさんの中学生が、頭痛や腹痛を訴えて保健室に来ることでした。

健康づくりのリーダーである保健委員といっしょに、「生活リズムとからだの様子調べ」にとりくみました。

その結果、生活リズムが乱れている生徒がたくさんいることがわかりました。

生涯のなかでも、元気はつらつであるはずの中学生が、そのような状態では、大人になってからの健康状態はどうなるでしょう。そこで、保健委員会では、大人が中学生だったころは、どんな生活をしていたのかを調べ、いまの中学生と比較してみようと考えました。その後、転任した中学校でも保健委員会に「みんなの健康の問題は」と投げかけると「不規則な生活、具合の悪くなる人が多い」と話し合われ、同じアンケートを継続しました。

①頭痛や腹痛を訴える中学生が増えている。三〇年前はほとんどなかった訴えが急増している。ここ一〇年で、「よくある」と訴える生徒が三倍にも増えています（図1）。

②疲れの原因は、「部活や睡眠不足」をあげています。さらに、ここ一〇年で、勉強、塾、人間関係などの原因も増えてきました（図2）。

③いまの中学生のほうが勉強しているか。塾や習い事に行っている率は急増しています。一〇年前は、部

活でくたくたに疲れて帰宅しても、夕食もそこそこに、ぐっすり寝て、翌朝は元気という生徒がたくさんいました。いまは、通塾している生徒のほうが多いのです。また、小学校にあがる前から通塾しているという早期化もすすんでいます（図3、図4）。

三〇年前の中学生も勉強していました。家庭学習の時間は、むしろ短くなってさえいます。逆に、テレビの視聴時間は増えています（図5）。「塾の日は、ビデオにとって休日に見る」という生徒もここ一〇年

図1

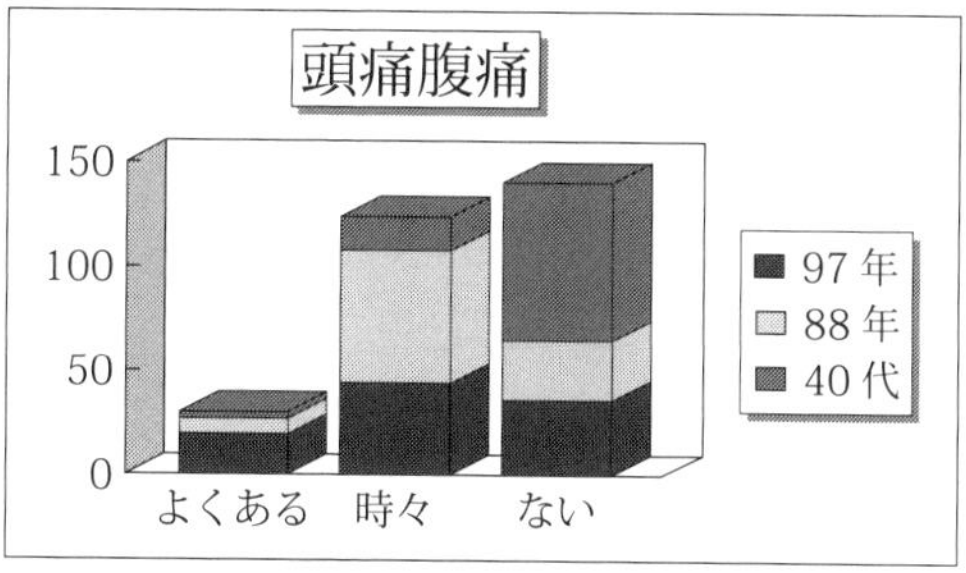

図2

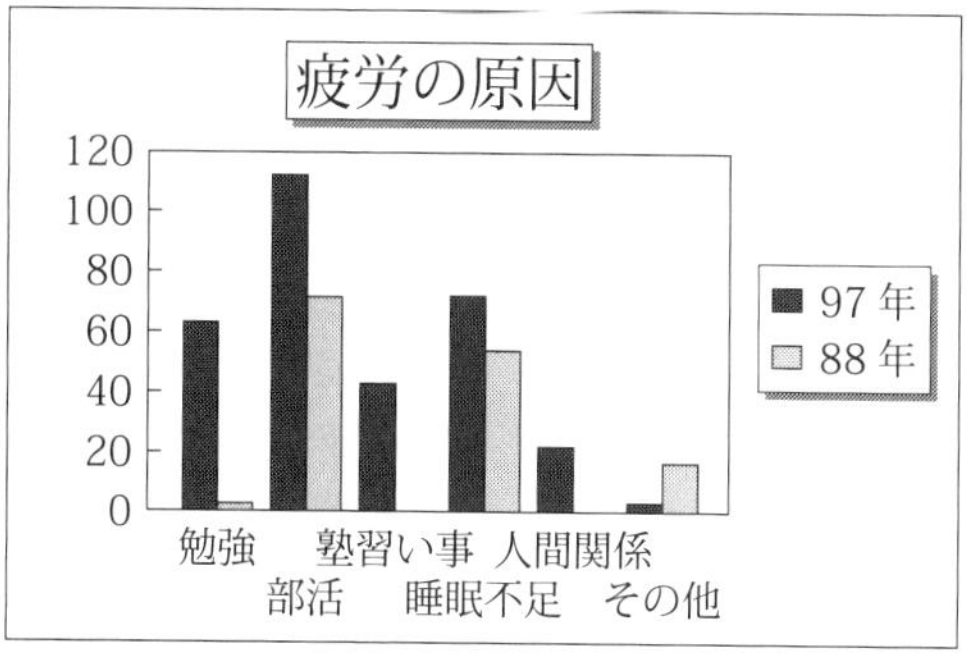

図3

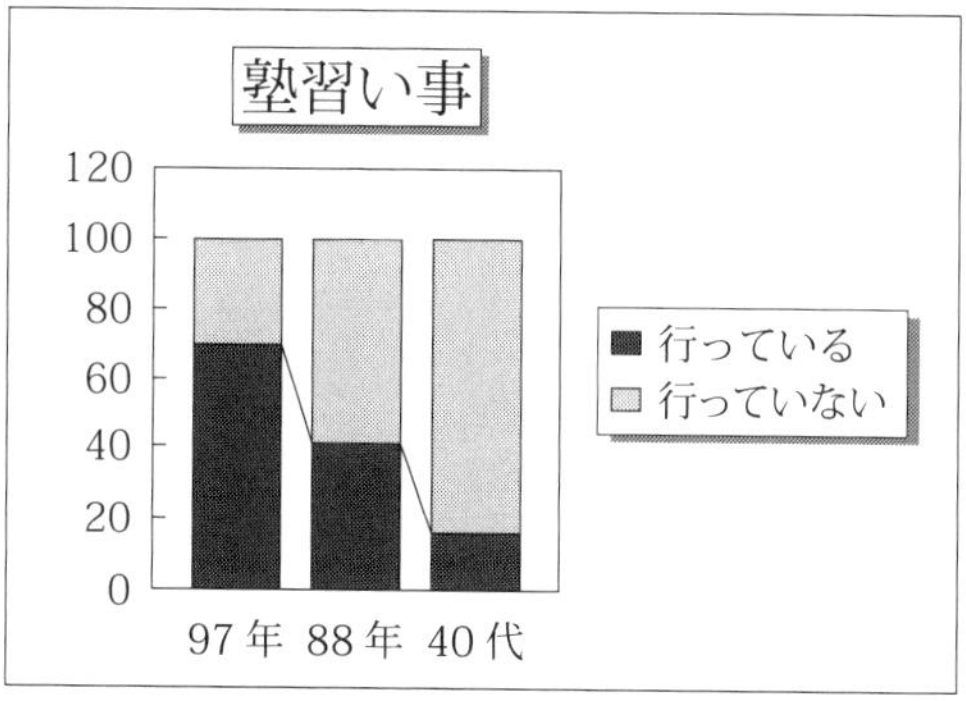

で急増していますし、ゲームが睡眠不足の原因になっている中学生も、この一〇年で急増しました。

④頭痛の原因は、睡眠不足。頭痛、腹痛を起こしやすいというからだのようすと、生活リズムのクロス集計をしたところ、頭痛と睡眠不足の有意差が明らかになりました。就寝時間は、三〇年前、一〇年前、いまとみていくと、みごとに遅くなっています（図6）。

さらに、すごく疲れているはずの中学生の寝つきがどんどん悪くなっています。前述の「テレビ、ゲー

図4

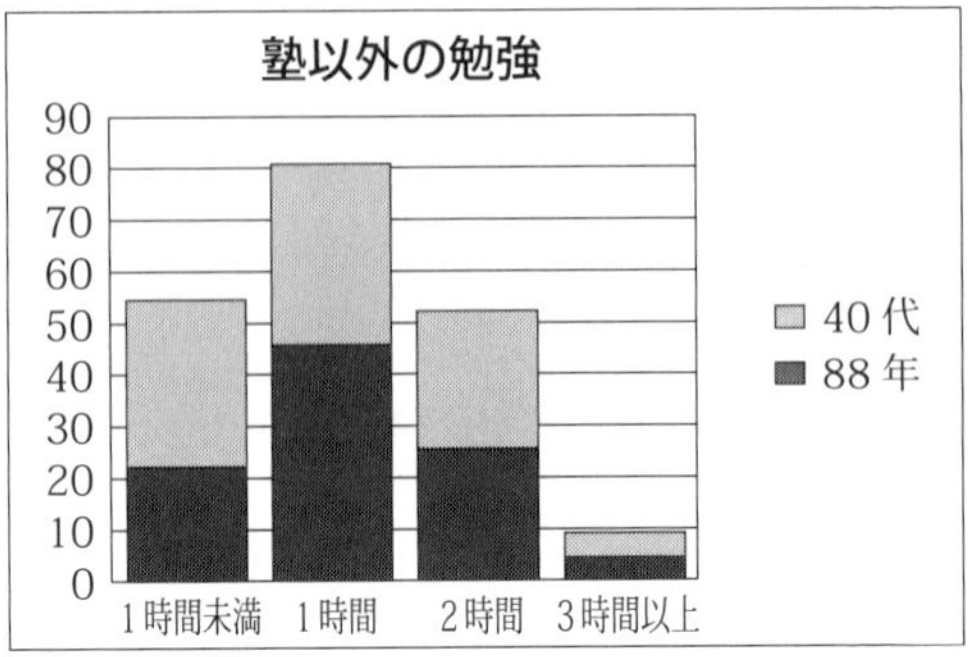

図5

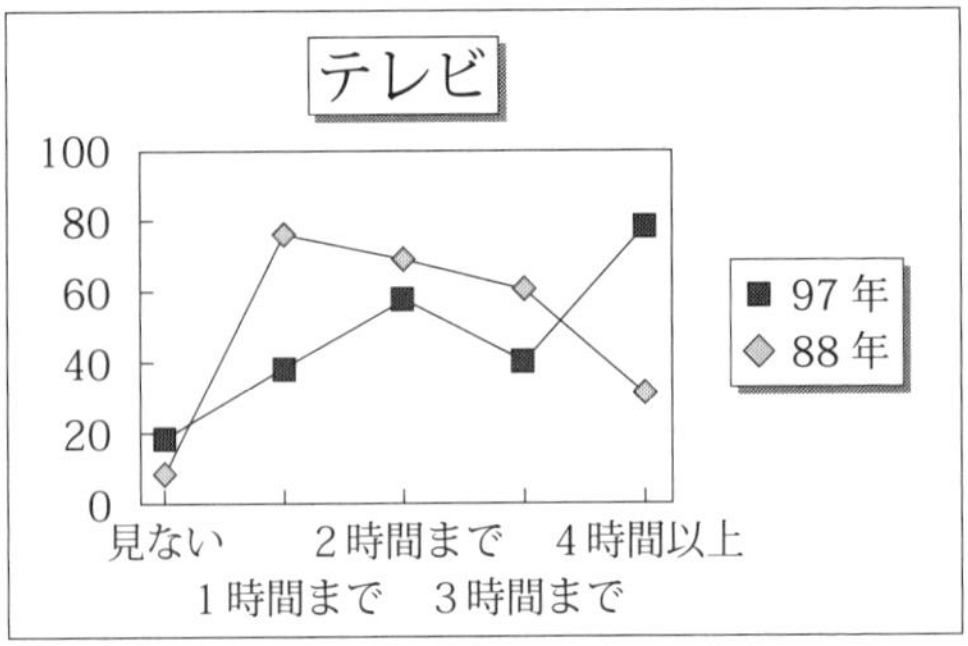

図6

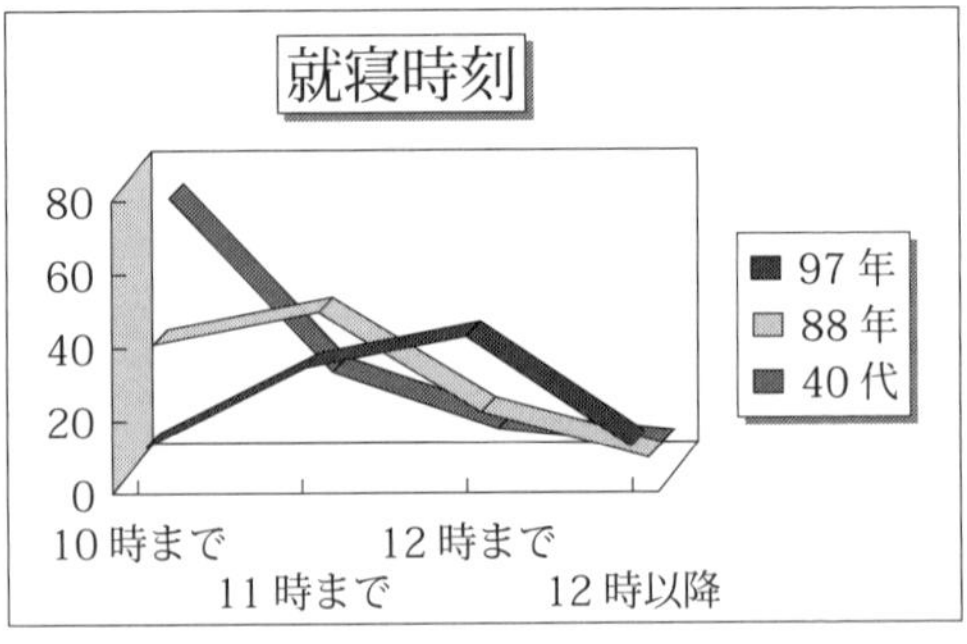

ム」が夜になっても脳を興奮させていることや、中二の女子の疲れの原因のトップが「人間関係」であるように、精神的な疲れがひどくなっていることが考えられます（図7）。

就寝時間が遅くなり、睡眠の質が悪化するなかで、当然めざめもよくありません。家族が、中学生だったころの起床、就寝時刻が年代順にきれいに並びました（図8、図9）。

⑤腹痛の原因は、排便、食事。一方、腹痛をおこしやすい生徒は、朝食抜きの割合が、おこさない生徒の

図7

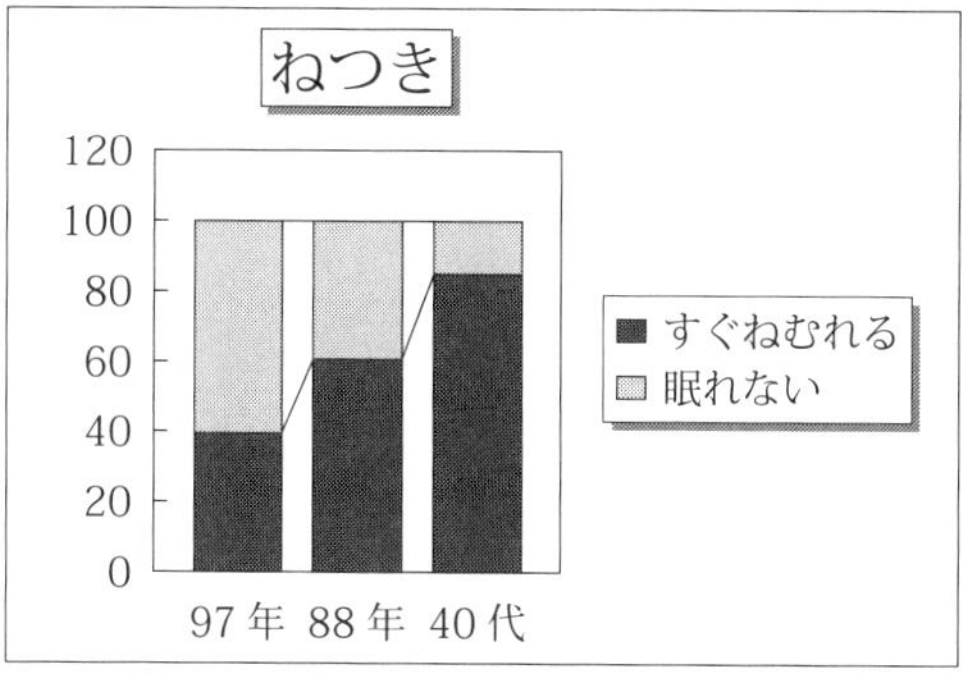

図8

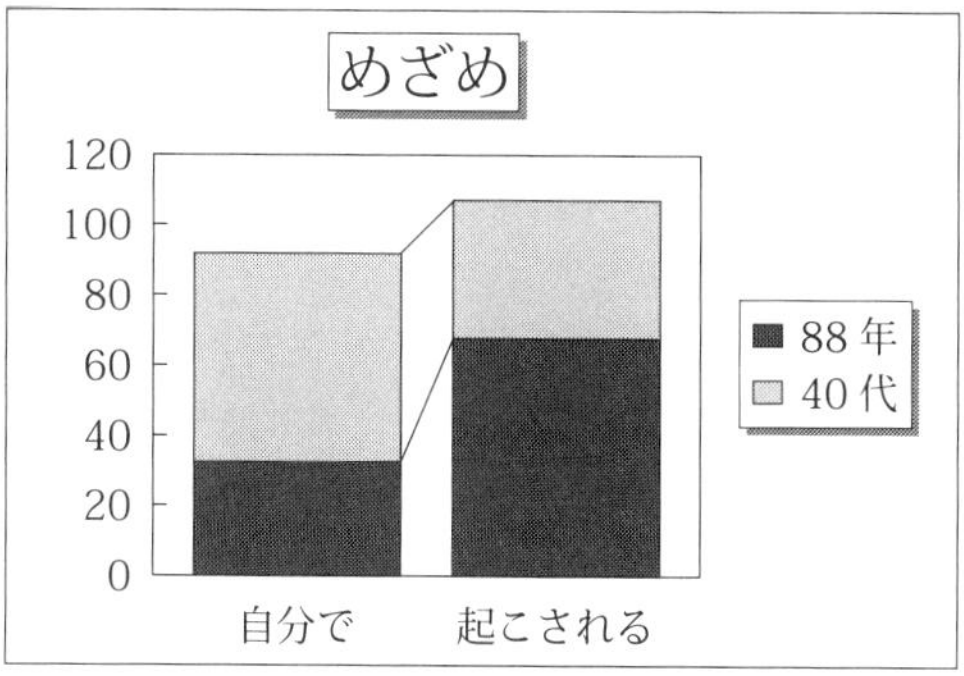

図9

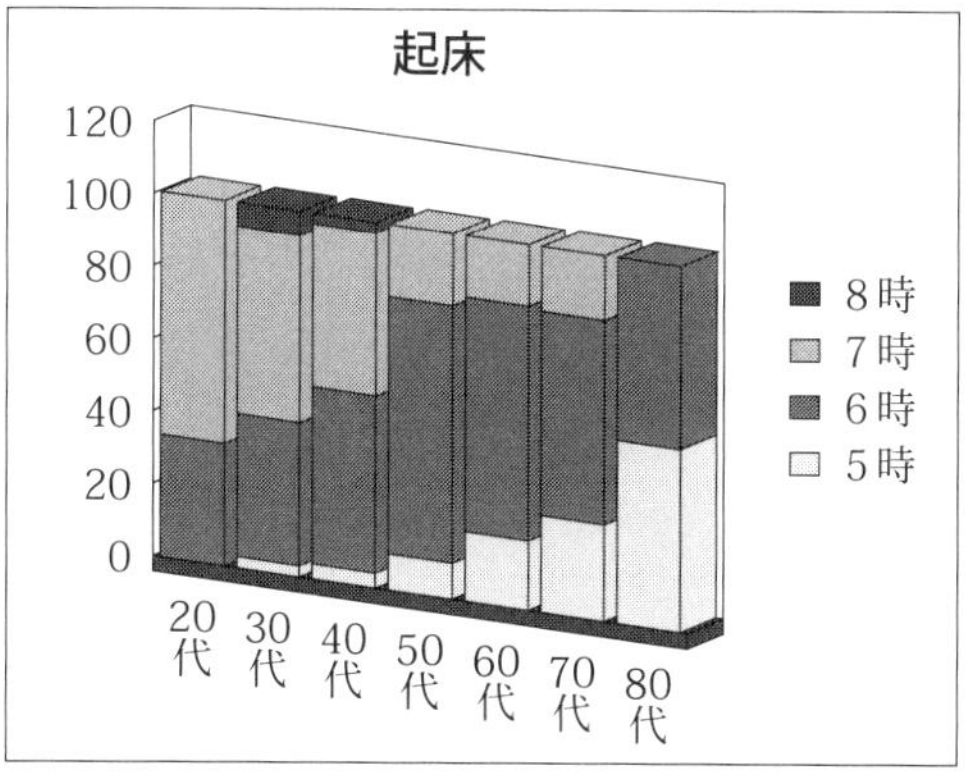

約二倍。また、排便が不規則な生徒は、約三倍いました（図10、図11）。

この一〇年でも、排便が不規則な生徒は増えています。三〇年前はほとんどの中学生が朝食を食べていましたが、ここ一〇年で大きくかわったのは、「家族全員が朝食ぬき」という、朝食が存在しない家庭が増えてきたことです。一〇年前は、「早く起きて、せっかくつくってもらった朝食を食べていきなさい」と指導しましたが、いまは、「自分でトーストと、牛乳くらい、用意できるよね。小学生のきょうだいに

図 10

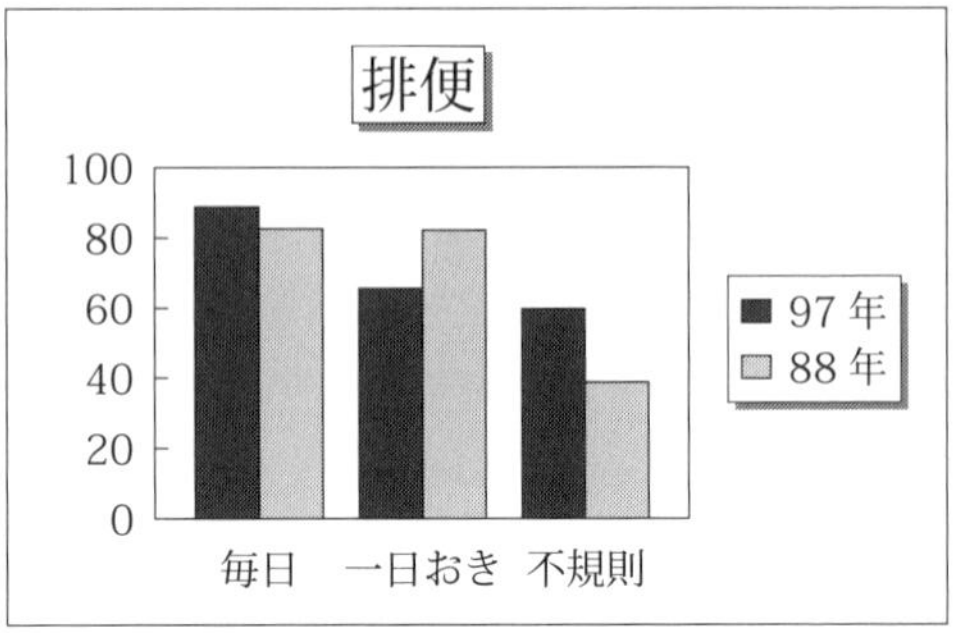

図 11

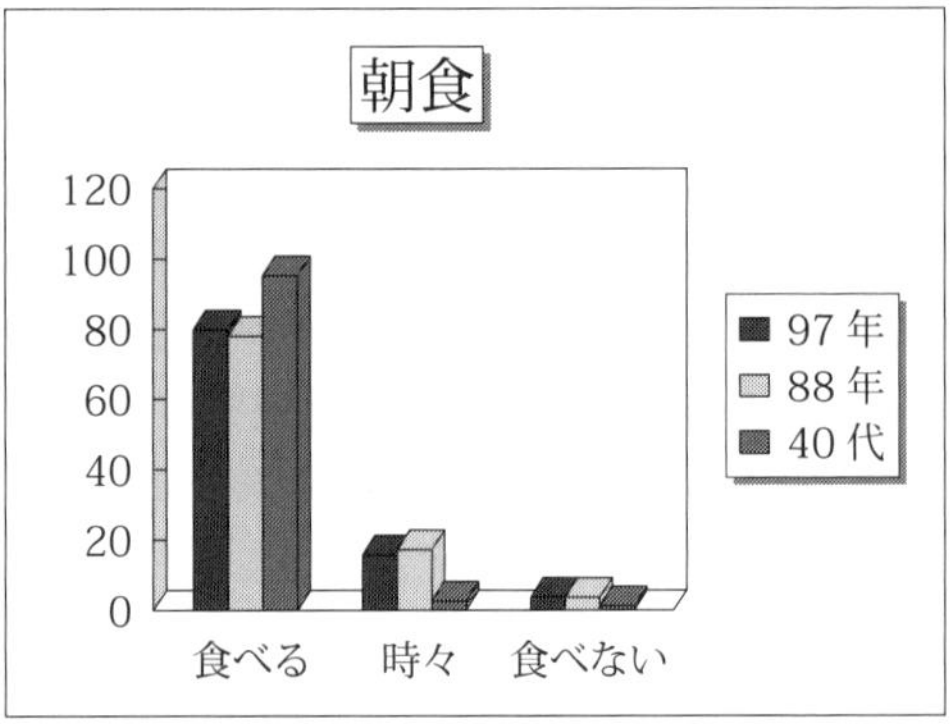

●資料は 1997 年の中学 1 年 213 名、1998 年の中学 1 年生 226 名のアンケート調査
●大人（中学生の家族）のアンケート
調査協力者は 798 名（20 代の兄から 80 代の曾祖母まで）。
中心だった 40 代の両親 580 名のデータを約 30 年前の中学生とした
●対象者に差があるので、3 つのデータのものは％で表わしている。
複数回答の設問もある。

も食べさせてね」という指導に切り替え、そんな指導の対象の生徒は何人もいます。

三〇年前の中学生だった保護者から、「たいへんだったけど、とっても楽しかった。いまの子はかわいそう」という意見がたくさん寄せられました。集計していた中学生が、「おいしいお菓子も、たっぷりのお小遣いもテレビもゲームもない」三〇年前の生活に「ゆったりしていいなあ」という、うらやましげな声をあげました。

三〇年前は、物質的にも経済的にもずっと貧しかったけれど、「放っておけば育つ」人とのかかわりや豊かな自然がありました。中学生は、早ね早起きで元気よく登校し、友だちと笑い転げて力いっぱい活動し、空腹で帰宅すると、待ちきれずに夕食をかきこみました。

こうした「当たり前」の生活が、いまの中学生に保障されているでしょうか。子ども時代のルネッサンスをつくることで、子どもの生活は生き生きとし、「発達の法則」をとりもどすことができるでしょう。

三　発達の臨界期

乳児期の発達調査から

つぎのように仮説をたて調査をしてみました。発達のプロセスのなかで、子どもをとらえてきました。

仮説一　妊娠前、妊娠中、分娩期における段階で何らかの問題があっただろう。

仮説二　乳児期における、大人の働きかけやてだてがないところに問題が生じているだろう。

仮説三　社会的環境の豊かさがないところに問題が生じているだろう。

仮説四　乳児期、幼児期における生活リズムが確立していないところに問題が生じているだろう。

調査を始めたころ、自閉症気味の子や言葉の発達の遅れている子や歩き方のおかしい子などが気になりました。乳児期のころはどんな発達をしてきたのか、とても気になりました。

①医療体制に合わせた分娩があるという背景もありますが、陣痛が微弱であったり、異常分娩であったり

図 12　妊娠・分娩期における異常

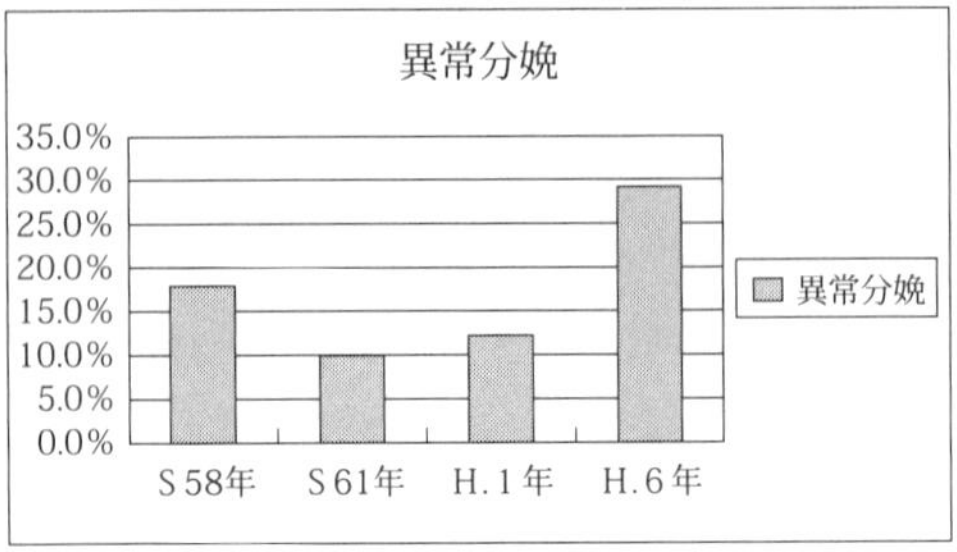

資料は
S 58年　143 名（新 1 年生を対象）
S 61年　104 名
H 1 年　115 名
H 6 年　 45 名
就学時健康診断のときにアンケート実施。
以下、図 16 まで、また表 1 ～ 5 も同様。

図 13　母乳で育てたか

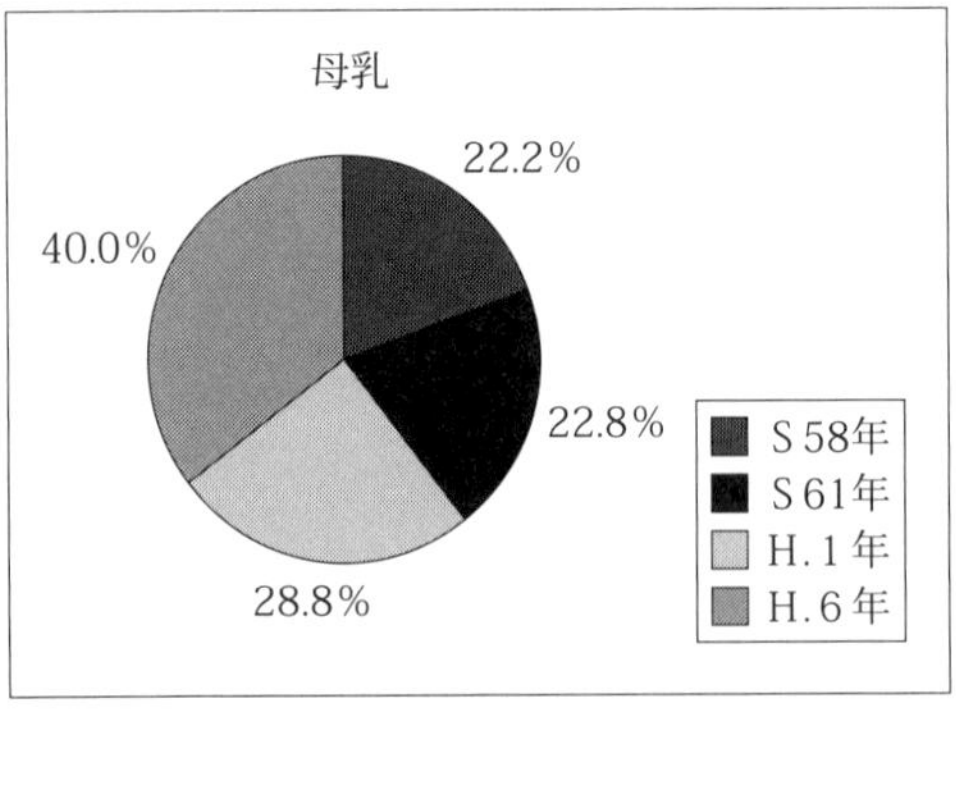

という数値をみてみると、母親のからだづくり、労働（勤務）など問わなければなりません（図12）。
②最近では、母乳からダイオキシンがと言われていますが、赤ちゃんにとって、母乳に勝るものはないでしょう。吸う力や満腹感、空腹感、肌のふれあい、視線を合わせる……などの快感を獲得していくものだと思われます（図13、図14）。
③段階をふんだ、からだの発達をとらえ、大人の働きかけを積極的に取り入れていくことが大事だと思います。「おいでおいで」とか、赤ちゃんの前におもちゃを置いてみるとか、未知の空間に向かって意欲を育てるてだてをとりたいものです。大人も楽しみながら、子育てをしていけるような環境をつくっていき

図14　母乳を飲ませた期間

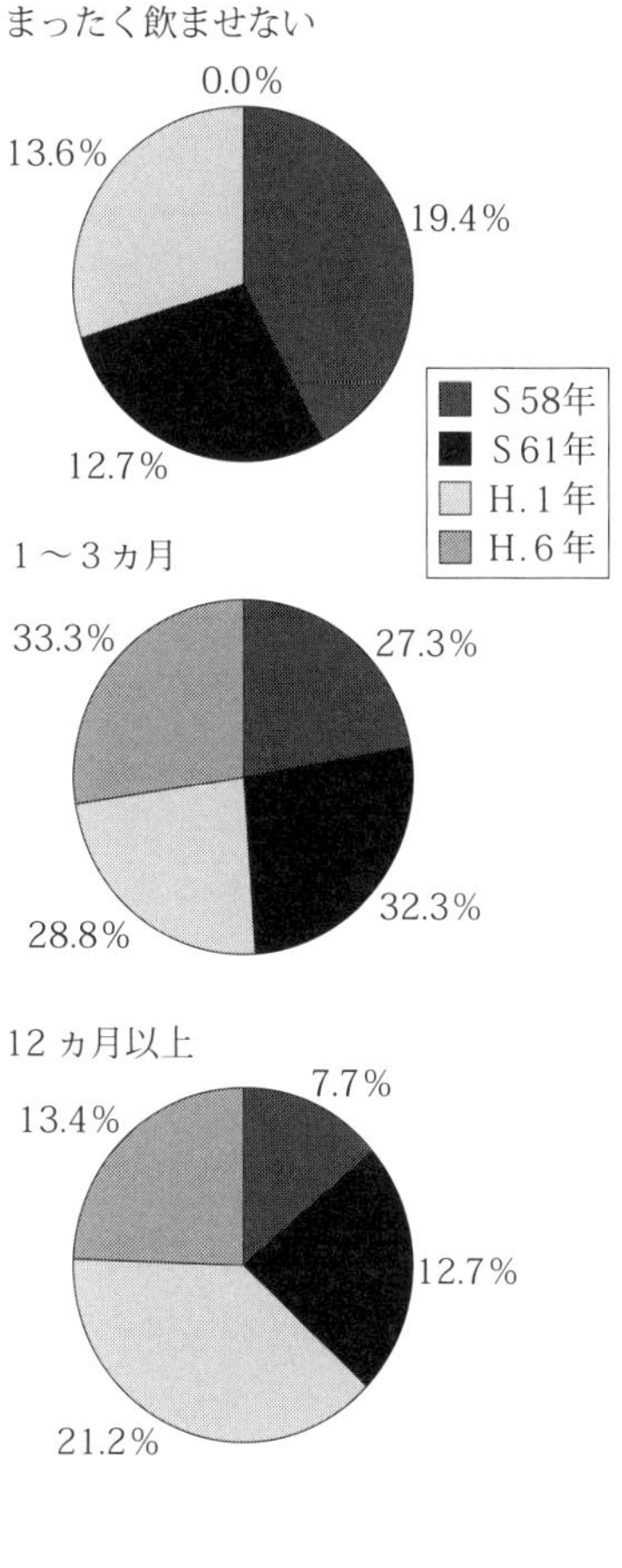

たいものです（図15）。

④調査を始めてみると、寝返り、はいはい、歩行も全体的に早まっている傾向があることがわかりました。からだが育つ空間を意識的に大事にしていきたいものです（図16）。

⑤最近、わが子を好きだと思えない母親がいます。また反対に親に気遣う子どももいます。ヒトとして育てる基礎、人を好きになっていく基礎は、乳児のときの語りかけにあるでしょう。赤ちゃんのほほえみの返しがあり、内からの人間的なはじめの欲求、喃語が出るのでしょう（表1）。

⑥紙おむつを使っていては学べない快、不快をからだの実感でおぼえていくことが、次の発達へつながっていくであろうと思われます（表2、表3）。

⑦商業ベースに乗った子育てをどこで絶ちきるのか、行動計画にのせていかなければならないでしょう。

⑧公園デビューした赤ちゃんが、二歳になったら、英会話教室へという光景はめずらしくありません。子どものやる気をうばっているのは、英才教育ではないでしょうか（表4）。

⑨テレビを見せた理由は「情緒を豊かに育てたい。音楽を聴くとからだを動かして喜んだから。感動的な子どもにしたい。知能の発達に役立つ。言葉を話せるように。集中力をつけたい。手が離せないので」とあります。親の願いを本物にしていくために、子育てに科学とロマンを今こそ。そのために、乳児健診の中身を充実させてほしいものです（表5）。

図 15　はいはいの時間

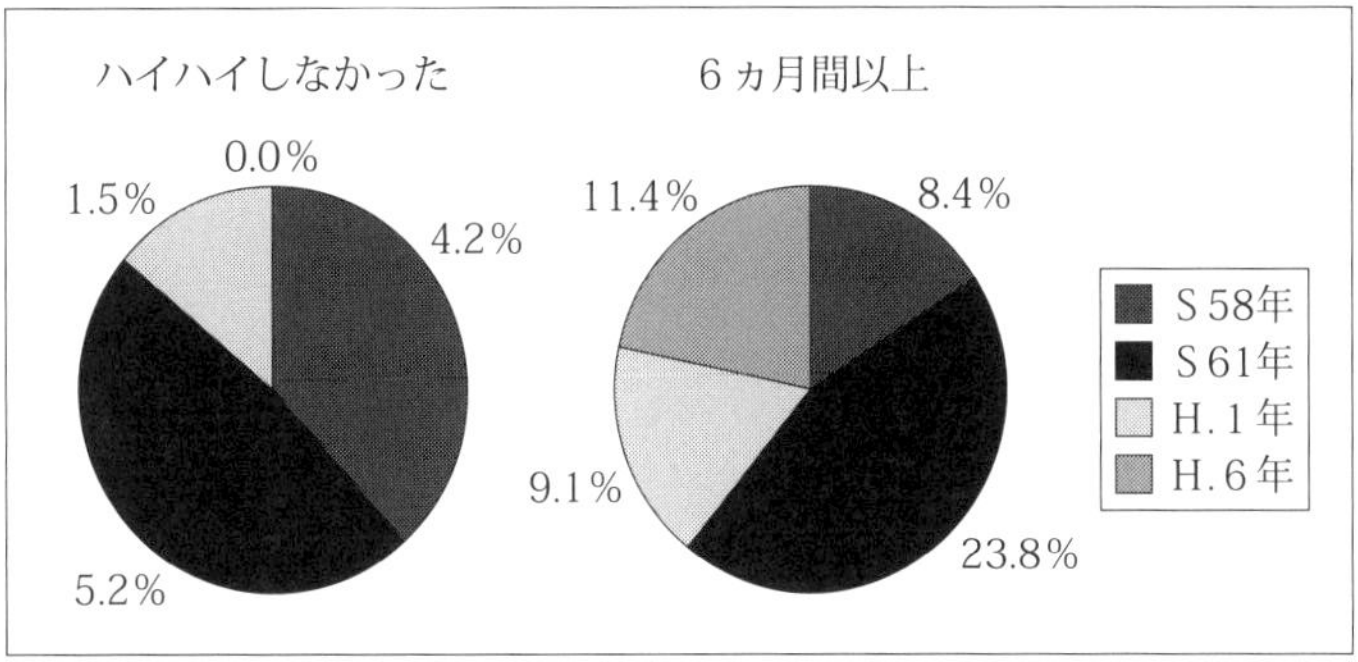

図 16　歩行の獲得

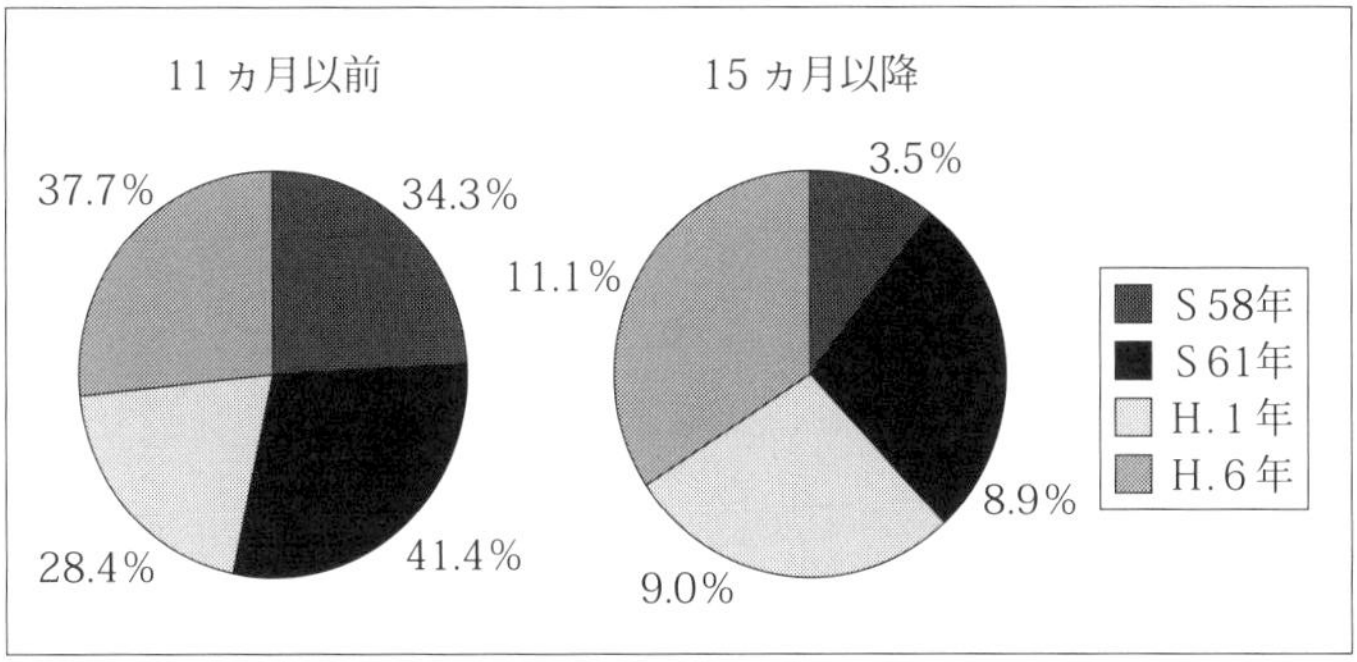

表１　言語の獲得

▲喃語がでたか

調査年月	S 58 年	S 61 年	H. 1 年	H. 6 年
調査人数	143	104	115	45
よくでた	46.2%	68.6%	89.7%	91.1%
でない	9.1%	6.7%	7.4%	2.2%

▲一語文

調査年月	S 58 年	S 61 年	H. 1 年	H. 6 年
調査人数	143	104	115	45
12 ヵ月までにでた	51.7%	79.2%	75.0%	77.6%
13 ヵ月～ 18 ヵ月	10.5%	13.2%	10.3%	8.8%
19 ヵ月～ 24 ヵ月	0.7%	1.9%	2.9%	2.2%

▲二語文

調査年月	S 58 年	S 61 年	H. 1 年	H. 6 年
調査人数	143	104	115	45
24 ヵ月以前	66.4%	80.0%	79.4%	81.8%
25 ヵ月～２歳半	3.5%	6.6%	5.9%	6.6%
２歳７ヵ月～３歳	0.0%	0.9%	1.5%	0.0%

表２　排尿の自立(1)

●紙おむつを使用したか

調査年月	S 61 年	H. 6 年
調査人数	104	45
使用した	56.7%	86.7%
使用しない	44.2%	13.3%

表３　排尿の自立(2)

●どのくらいでおしめはとれたか

調査年月	S 61 年	H. 6 年
調査人数	104	45
２歳までにとれた	72.1%	73.3%
２歳すぎ	28.8%	33.3%

表5　テレビ 乳幼児期にみせたか

調査年月	S 58 年	H. 1 年	H. 6 年
調査人数	143	115	45
みせた	76.4%	54.4%	57.8%
みせない	13.9%	41.2%	40.4%

表４　おけいこ　塾に行っているか

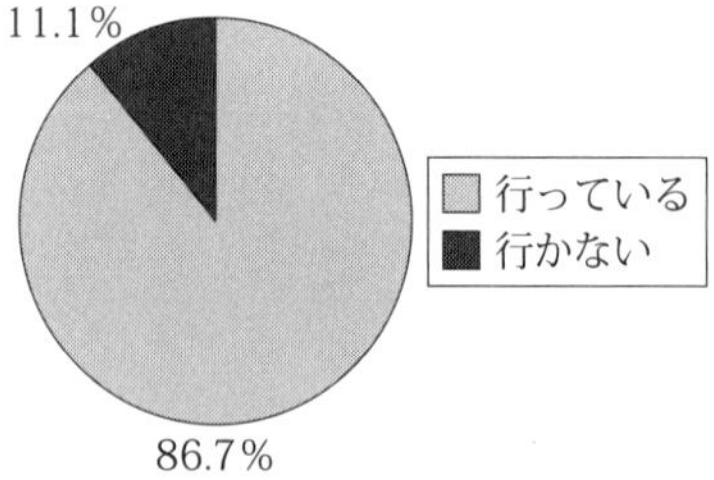

どんなおけいこや塾ですか

ピアノ　公文
習字　算数
スイミング　英語
お絵かき
体操教室
など

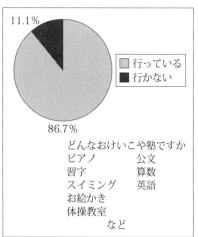

安心感の空気のなかで、好奇心をもって大胆なあそびを展開する

脳神経系が一〇〇%発達する（スキャモンの曲線）六歳までに（就学前）、豊かな自然の中で、豊かなあそびを学びとることをさせることが、就学後の発達に大きくかかわってきます。

特に五歳児のところで、学び得た力をぶつけ合う場面がたくさんできることが、発達の節目を乗り越えていくことにつながると考えます。

子ども集団の中で確認した自分の力をつかって、学問を学んでいくところが学校であり、就学の意味があるのです。子ども集団の中で自分の力をつかってぶつかり合い、感情を獲得し、言葉で表現していく力も獲得していきます。

2　学習障害をかかえる由利子の成長記録

若王子淑子

小学校二年生の由利子との出会い

退職を数年後に控えた一九九五年四月、もち上がりではない、二年生を担任することになりました。ところが、始業式の前日に、隣接市内のA小学校から転入することになっている由利子がLD（学習障害）児であるという連絡を受けて、突然担任のメンバーチェンジをすることになりました。産前休暇予定の担任のクラスに編成されていた由利子は、自閉傾向のK男とも重ならないようにという配慮もして、私のクラスに入ることになりました。転入生は、由利子一人でしたので、クラスの子どもどうしは、一年生の持ち上がりみんないっしょで、由利子と私だけが、始業式には、クラスの仲間と初めて出会うわけです。二人は、同じ条件で「クラスのみんなに知ってもらい」、二人は「クラスの一人ひとりを知る」ことが始まるのだと思いました。

子どもどうしが早く理解しあえるように、放課後の交流「仲間遊びグループ」を組織しました。由利子は、人とのかかわりが不器用ではあっても、交流を求める意思が強く見えてきました。仲間遊びの場所へもよく出かけました。約束がくいちがい、うまくいかないことがあってもまた出かけました。自転車で公園に行くという彼女を見守る母親の姿がありました。

私の家庭訪問を待たずに母親が来校。入学のころからの（転入前の学校での様子など）話をされました。集団登校でパニック状態になり、一日中、机をがたがたさせて泣き叫んでいたということです。一年間、一番後ろの席で過ごしていたということも「LD」だけではないのだが、診断名はちょっといえないと、話していかれました。「ご迷惑をおかけします」と何度も言われることが、とても気になり、お母さんと教師はそういう関係ではないことをわかってもらいたくて、地域の教育懇談会や教育対話集会に誘いました。母親大会や教育研究集会にも参加されました。新婦人の会にも仲間入りし、子ども劇場にも深くかかわるようにもなりました。学級PTAの委員長も積極的に引き受けてくれました。

二泊三日の夏休み学校や、子ども劇場のキャンプに親子で参加し、仲間とかかわる体験を重ねていきました。その他、夏休みには、親子読書や親子日記をすすめると、それを実践し、美術館や博物館めぐり、野尻湖を訪ねたりと、母と娘は楽しみを共有していきました。父親は、企業戦士のようですが、母方の祖父母にもかわいがられていました。

一年生の終わりまでは核家族でしたが、親が育った両親の家を二世帯住宅に建て替えて、引越したそうです。由利子は、気がむくと、台所で、おばあちゃんの手伝いを楽しそうにすることもあるようです。母親とも家事を共同でやるような関係ができるといいと思っています。父親は、ほとんど子育てにはかかわらず、由利子は母親に依存するという関係が気になります。

何時間も泣き続けていた由利子の乳幼児期

母親からの聞き取り

・出産は二週間おくれで、三九五〇g　・母乳とミルクの混合　・紙おむつと布おむつを使用　・何時間でも泣き続けた0歳児時代　・歩き始めたのは一歳五ヶ月（遅かったが、しっかり歩いた）　・言葉は遅かった　・公園に連れて行くと、子どもをこわがった　・二年保育の保育園では、子どもたちの中には入りたがらなかったが、やがてなれていった。一人遊びが多く、手作業ができない。遅滞児ではないかと言われ、児童相談所へ相談に行く。北区にある、クリニックの脳波検査で異常が認められる。薬物投与の治療はしない。　・LD児の訓練教室に通い始める。　・祖母と接しているときは、安定しいい子になる。

・子どもは嫌うが、大人は受け入れ、特に祖母といると安心しきっているようだ。

父親が子育てにかかわらない家庭で、何時間でも泣き続けていたという0歳時代のことが気になってきます。

この四月で、一〇ヶ月になる私の孫は、だっこが大好きなのです。母親と父親に抱かれているときが一番幸せそうです。六ヶ月ごろまでは、ひいばあちゃんに抱かれて眠るので、ひいばあちゃんは、ねせばあちゃんと呼ばれていました。よく眠ることと、周りの子どもにも興味をしめすのが面白いなあと思っていました。私の孫に由利子の乳幼児ころを重ねてみると、母親は大変な子育てをしていたのだと思います。これからいっしょに考え、どんな成長を描いていくかいっしょに手を取り合っていこうと思います。

表現力の豊かな学童期の由利子

色白の由利子は、背が高くからだが硬い感じで、動作がぎこちないようです。運動が苦手で、特にドッジボールと器械運動をこわがります。体育は、三〇代半ばの体育主任が家庭科との交換授業で担当してくれていました。見かけより心根の優しい彼を信頼し、だんだん跳び箱にも挑戦するようになりました。「キャー」「ヤメテー」と奇声を発しながらも、汗をかいてほてった顔で体育館から帰ってきました。

学習場面での由利子は、図形の作図や測定が苦手でした。漢字の字形が崩れがちで思うようにいかないと、パニックを起こしました。一方、表現読みが豊かで、読書を楽しんでいました。授業のなかでは、感じたことや考えたことを率直に表現する能力が高く、彼女のつぶやきに感心し、仲間からも認められていました。

ただ作業が思い通りにいかなかったり、新しいものにとりかかる時に不安になったりすると、「できない！」「わからない！」と言って騒ぎ立てますが、落ち着くのを待つと、やる気を起こしてまた取り組みました。「空間認知が弱い」と医師から言われているとのことです。

友だちにも働きかけ、自分から遊びに出かけることもありました。男の子に憧れると、「S君すき！」と追いかけ回ります。応援団長の男の子や演劇部の男子などを好きになりました。由利子に好かれる男の子像は優しい子でした。

次はS君が書いた詩です。

ハムスターのかいてん
かいてんを見てやった
でんぐりがえしができた
「こんど　そくてんだ」
できた
ハムスターにえさをやった
よろこんでいた
ハムスターのえさは
でんぐりがえしの
おれいかもしれない

かわいそうなハムスター
うちのハムスターはしにました
しんだハムスターをかかえて
シャベルであなをほってうめました
「やすらかにねむってください」
といった
やがて土になり
てんごくへいくとうれしいです

由利子は、素朴であたたかい子に憧れるようです。Nちゃんも好きです。次はNちゃんの詩です。

プール
せおよぎを四回行って帰ってきて
またむこうぎしに行こうとしたら
水についているせなかが
しぜんにういた
だれかに

ささえてもらってる気がした
またもどろうとしておよいだら
かえりもういた
ぜんぜんしずまなかった

「Nちゃんは、友だちとなかよくするのがとくい。はじめてやった歌でも上手にピアニカがふけます。そうじをきめる前に『どこにする』ときいてくれます。おもしろいことを言ったらわらっちゃいます。おもしろいかえ歌をつくったんだよ」

このように、仲間から思われているNちゃんには、自閉症の弟が障害児学級に在籍しています。由利子は、このNちゃんと、中学一年生になる現在も付き合っているのです。もっとも、Nちゃんの家には、プレステ2もあるし、父親が好きなゲームがたくさんあり、やらせてくれるのです。

以下は、由利子の詩です。

つらら
けさ
まどをあけたら
となりのやねに

つららがさがっていた
つららはみんな
南のほうをむいていた
どうして、つららはみんな
おなじほうをむいているんだろう

かけざん
きょう
九九のれんしゅうをした
まゆちゃんとわたしで
六のだんの九九と
七のだんの九九をやった
七のだんがおわったとき
七のだんて
いいにくいんだなとおもった

次は、仲間から由利子へのメッセージです。「由利子ちゃんは、心をこめて、その人になりきって本を読むことができます。だから『ブレーメンの音楽隊』のげきで、どろぼうの親分になれるんだね。いつも教室に入ると、『おはようございます』と言ってくれます。ドッジボールでは、『気をつけて、ボールがくるときがあるから。どこから来るのかわからないから』と言ってくれます」。

由利子は、日記を綴り、読みあうことで、仲間の心を確かめ合ってきました。そして、トラブルを繰り返しながら、地域あそびを楽しんでいきました。

一年間付き合った由利子と別れ、三年生の新担任が決まったとき、文集を渡しました。人を受け入れ認め合う関係が少しずつ見えてきたと思える文集だったからです。

母親の入院にも耐えた由利子

由利子は、低学年のときは、月に四回（毎週土曜日）、五年生になってからは、月に二回、LD児の訓練教室に通っていました。二時間かけて、都内の元教師の指導を受け、一回一時間で一万円かかるということでした。母親は、さらに月二回、LD児親の会にもかかわっていました。

五年生になってから受けた脳波検査では、異常はあるが、知能検査で正常となり心配だと母親に言われました。知能検査で正常と判断されたのは、嬉しくもあるが、いまの落ち着きのない行為は「わがまま」からくるものとされ、それはまた悩みとなるということでした。交通事故による後遺症に治療の見通しがあると聞き、そういう希望が持てたらいいのにと思うとのことでした。

由利子は、九時ごろまで好きなテレビを見ていて、思い出したように勉強を始めるので、夜寝るのは一

○時過ぎ、自然覚醒することはないというのです。いやなことは、後回しにして、ぐずぐずしていて、就寝時間が遅くなり、朝は起きられないのだからと悩む母親を驚かせた出来事がありました。

それは、秋の運動会の応援団員になったときのことでした。持ち前の声と表現力が発揮され、意欲的に早起きをして参加し続けたのです。組み体操の特訓をするために、由利子の家に友だちが集まったりもしました。

由利子が六年生になり、母親はまた、学級ＰＴＡの委員長を引き受けました。その五月に電子オルガンの練習をしていた母親が、くも膜下出血で緊急入院してしまったのです。記憶が戻らない三ヶ月、由利子は父と祖父母の四人で心を寄せ合って暮らしました。一度子ども劇場のおまつりに同行しました。「人間狩り」のゲームでは、私のほうが由利子にかばってもらうことになりました。無事に母親が退院した後も、母親の手足になろうとしていた由利子です。

揺れ動く思春期の由利子

中学生になった由利子の担任は、幸い地域懇談会に参加している全教組合の仲間だったので、ときどき由利子の様子を聞く機会があります。

奇異な目で見たり、ちょっかいを出されたりすると、「やめてよね。私だってストレスたまってんだから」と反撃し、相手の机を押し倒すこともあるということです。好きになった男の子には、「○○君好きー」とおおげさに意思表示をしているということです。

遠足の班分けがどうなるのか気になり、優しい女子に「由利子をよろしく」とひと声かける担任。仲良く一日過ごした気を許せるその女子に「私のこともニックネームで呼んでよ」と体当たりする由利子でもあるということです。

五年生のはじめに私に貸してくれた金子みすずの「みんなちがってみんないい」は、彼女の愛読書です。いま、演劇部で活躍する由利子はトラブルを乗り越えながら、公演に向けて励んでいるようです。しかし、家では一〇時すぎまでテレビゲームにしがみつき、ストレスを解消しているのです。

子どもの発達のゆがみをみるとき　―由利子を通して―

学級集団のなかで、由利子は優れた感受性があり、表現の豊かさをもって成長してきていることを、友だちに受け入れられて育ってきたと思います。

情感は発達してきていますが、落ち着きがなかったり、パニックをおこしたりと、バランスよく発達していません。社会性が育っていません。

発達のゆがみ（disorder）をとらえるとき、どんな障害があるのか「基本障害」を診断することが（現場の私たちは知っておくことは大事です）大切です。たとえば、それが自閉症ならば、ＬＤにもなりうることがあり、いずれ disability（ディスアビリティ）になり、社会に出られない、社会的ひきこもりになる可能性があります。

しかし、障害がわかったからといって、その障害にこだわってはいけないことを、実践のなかからも思います。ＬＤの子どもへの対応のポイントは、感情の部分で安心感を与える生活をさせることです。対応は一対一の対応を心がけ、それで成長すれば由利子のように、集団のなかで、さらに情感を育てていくことができます。

子どもの発達の法則、覚醒（しっかり眠り、しっかり目覚める）と感情（行動のきっかけとなる）を繰りかえし意識していかなければならないと考えています。

5章　総論　人間と自然が育てる

石田一宏

1　子育ての科学・哲学をもって

人間は感情からはじまる

現在の幼児教育とか、あるいは学校教育とか、その中にあるいろいろな問題を根本的に発展させていく視点というのは、〝人間は感情からはじまる〟ということだと思います。その辺は、先程のレポート（2章石田かづ子報告）ではおさえています。いろんな感情体験をしながら、もやもやとした概念をつかんで常に言葉をくっつける。つまり、シールを貼るみたいなものです。それでシールとしての言語、記号としての言語というのは、非常に内容の深いものになって、私たちの言語活動ができるわけです。

そういうようなプロセスは、自分の子どもに尽くして克服されたと思います。その辺は、いまの子どもたちを見ていく上で、きちっとした発達の法則が踏まえられていないで育ってきている子どもたちの問題に、私たちはぶつかっているわけです。ぶつかっているものに対して、ただ現象だけに振り回されていたのでは問題は解決することにはならないわけです。

私たちは、子どもの問題に対して、どこに問題があってどういうふうに変えなければいけないかという、基本的な子どもの発達の哲学を、あるいは科学と言ってもいいのです（その科学と哲学は一緒なんですよね。哲学のない科学もまた均一的なものになってしまうし、科学のない哲学もまた観念的なものになってしまう。そういうわけで、科学と哲学が一致しているわけです）が、しっかりと持って、そしてこういうところに根本的な問題があるんだという確信をもっていないと、いつもおろおろ振り回されて、結局は無力感におそわれてしまうわけです。

子育ての科学、子育ての哲学がいま本当に必要になっています。そういうことをじっくり勉強して、現象に振り回されないで、力をつけていく。そういう人たちがたくさん増えていくことが、いまの教育を変えていく、子育てを変えていくことになるんじゃないか。本当にそれはまどろっこしい話だけれど、それ抜きにやっていると、結局対症論あるいは、プラグマティックな教育論の問題になる。

こういう子どもに対しては、カウンセリングがいいんじゃないかとか、こういう子どもに対しては、もっと管理を強化したほうがいいんじゃないかとかっていうような、そういう現象だけにとらわれる。また、それはいけない、じゃあいけないことでどうするんだ。方法がない。心優しく接すればいいというような議論になってですね、いわば子どもの問題は解決しない。だからまどろっこしいけれど、今こそ原点にたった研究指導が必要だと思います。

そういう点で考えると、私一五年くらい前に「子どもの精神力」というものを発表したわけですけれど、基本的な考え方というのは、僕はその時から変わっていません。そして変える必要は全くないということですね。いま非常に確信をもっています。むしろ、その後〝子どもの精神力〟という考え方に基づいて、いろいろキレている子の問題だとかに取り組むことで、その〝子どもの精神力〟という概念を、内容をふくらませて来ているというふうに思っているんです。だからこの〝子どもの精神力〟という問題から話を始めたいと思います。

子どもの精神力

〝子どもの精神力〟というのは、言葉を変えると（これは大人のときには、〝大人の精神力〟になるわけですが）、自分自身を生き生きと生かす力、もっと縮めて言えば、〝生きる力〟と言ってもいい。人間の場合〝生きる力〟は、からだのことを前提にしていますから、からだはもう大丈夫しっかり育っている。そしてあとは一生懸命この世の中の追求をして、みんなと交わって世の中を変えていくとか、あるいは自分の金を儲けるとか、いろいろあるけど、その子の生き方しだいというふうなところがあるわけです。

だから生きる力というのは、やっぱり精神力なんですよね。いまこの精神力を支えるからだがくずれてきているという問題があるわけです。それは精神力の問題と関連させながら、もっと研究していかなければならないことなんですけれど。

人間の生きる力というのは精神的なものとして、もっとも発揮される。気力とか意欲とか、友情、尊敬、愛情みたいな精神的な力がなかったら、からだだけ育てたのは動物だから。人間である以上、精神的な力まで育てなきゃいけない。その精神的な力は、からだによって支えられている。だからからだもしっかりしてなければならない。これは前提であったわけだけれど、この前提が崩れつつある。そして精神も崩れつつある。両方行ったり来たりする関係。

これは弁証法的な関係にあるわけです。からだと精神（心）というのは別々に存在するのではなく、からだが心を支え、また精神の作用によってからだもまた支えられる。無理をしたり、あるいは休ませられたり、いろいろなかたちで精神によってからだはささえられるわけでしょう。そのからだがまた心を支える。そういう連関が成り立っている。だからその精神力というところに注目するけれど、同時にそのことは、人間のからだという問題を抜きにして考えられません。そういうことをこれから展開していこうと思うんですね。いずれにしても、僕が言っている精神力というのは、自分を生き生き生かす力、あるいは、世の中に出て生きる力。そんなふうなものなんだと理解していただきたい。

知的好奇心が原動力

では、精神力といったときに、僕が一五年前に提起した精神力というのは、三つの要素からなりたっています。一つは、知的好奇心。物事に対して好奇心を持つ。そして探求したいと思う。この好奇心がいまの科学技術を発展させてきたとも言えるでしょう。研究者たちが、いったい何のために研究しているのかって、他の人が言う事に関心を持って、一生懸命やって、いろいろな知識の蓄積もあって、いまの文明がつくられてきているわけですね。機械文明、消費文明、すべて知的好奇心が原動力になっていると思うんです。人間が生きていくためにはものすごく大切な力です。一人ひとりにとっても大切なことだし、集団としても大切なこと。常に人間が生きる力というものは、個人と集団との関係、ここでも弁証法的な関係があるんです。

ここでは、個人の問題で話していきますが、知的好奇心というものが、まずどれだけ豊かであるか。知的好奇心の度合いという、僕が最初に提起したものが、どの程度なのか。ただこれはものさしで計れるものではない。私たちは、ものさしで物を計ることに慣れすぎている。「ＩＱ」とかなんかにしても、そうです。何か数字化することによって、客観性をもつかのように考える。しかし、人間は客観化できない。これは大事なことだと思いますね。一人ひとりがみんな生きている存在として大切で、「こちらが優秀だ、こちらが劣っている」なんて比較して評価できない。いわんやものさしで「あなたは何点、あなたは何点」というふうに評価できるものではない。むしろもっと全体の統合によって評価されるべきです。全体の統合として大切なことは、さっき言ったように三つあるわけです。知的好奇心のつぎは、感動できることです。

感動できる力

これは、感動性とか言っていましたけれど、感動性の度合い、どの程度感動できるか。感動するという場合、たとえば絵なんかが「美しいなあ」って感動できる人もいれば、絵なんかに全然興味がなくて、音楽だったら感動できる人もいれば、これは様ざまです。だけどその感動、絵なら絵を観たときの感動の度合いというのは、あるわけです。この絵を観たら、「生きていた甲斐があった」というくらい感動する人もいれば、ただ「きれいだね」っていう感動の程度もある。どちらが優劣だったか、これも比較できます。これは〝生きる力〟に影響します。この度合いはね。

安心感をもてる

それから、三番目は安心感を感じる、安心感の度合い。どれだけ落ち着いているか。一人ぼっちでいても、「僕は遠くにいる友人を信用することができる。だから安心である」「家族が遠くにいるけれど僕は安心だ」という安心感の度合い。そばに人がいないともう不安で不安でたまらない。「誰かいて！」、電話で「電話切らないでね」これは不安だから繋がっていないと安心できない。そばにいてって独り占めしようとする。そんな人もいるでしょう。それは、安心感の度合いが非常に少ないからです。人を信じて「近くにはいないけれど僕は愛されている」そう思えることが安心感です。非常に素晴らしいわけですよね。だから〝安心感の度合い〟というものがあります。

三つを育てることが精神力になる

この三つが生きるためにはとっても大切なのです。こういう知的好奇心があって、感動できて、自分がそこにいることで安心していられるようになったときに、人間は生き生きていくことができる。その度合いによって、生き生きられるか、ほどほどに生きていくか、まあ生きるのが辛いか、変わっていくわけです。このときに、本人がどのように自覚するか、子どもが大人になったときにどんなことを大切に思うか、どんな気持ちになっている必要があるか。まず自分のことが好きと思えるかは、この三つが十分豊かに育っているかどうかということです。つまりそれぞれの度合いが非常に高い、豊かであって本人を満たしているとき、その子は自分のことが好きというんです。この自己肯定感というのはとっても大事です。

こういう三つがちゃんと育たない、豊かに育っていないというような子は、自己肯定感ができないんです。ものごとに対して関心がない。何にもおもしろくない、イヤだイヤだとなります。何かあって「どうおもしろかった？　楽しかったでしょう？」って言っても「全然！」。「じゃあ、君ひとりでがんばってね」「ぼくイヤだよ。さみしいもん」「君どうやって生きていくの？」「生きていけない」と。

自己肯定感ができないのです。「そんな自分をすき？」って言うと「全然、僕のこと嫌い」と。嫌いで一生がスタートする子どもが、大人になったときに、自己肯定感のない大人になっていく。これから六〇年とか八〇年とか生きていくわけですが、そういう子は、人生を喜べない。いまは物理的には人間を生かすことができる。風邪をひかない暖房の中で、そして飢えないようにと食事だけは与えられる。だけど喜びのない自分のことが嫌いだ嫌いだと思って、自分の一生を歩まなければならない。そういう子が多くなっているわけですよね。だから僕はそういう子どもたちが、本当にこれから何か世の中が変わっていってね、挫折を多く体験しなければいけないような時に、ストレスを乗り越えることができるためにも、この三つのことを提唱しています。

穏やかさは精神力を豊かにする

ひと昔前は、哲学自殺なんてあって、自分の生き方についていろいろ悩んで、でっかい自殺をするというのがあったけれども、これからは自分というものに失望して、自分というものを生き生かすことができなくて、自分を否定してしまうような青年が増えるんじゃないかと心配しています。

いずれにしても、精神力が豊かにあるときには、自分のことを好きという。そしてもうひとつの特徴は、穏やかさです。すぐにキレない。これ大事でしょう。これで大人になる。これがすばらしい。先に三つあげたこちらは精神力、つまり力を豊かに持っていることによって、こういう二つの特徴を持った性格の大人になる。

そしてこういう人びとは、人生をエンジョイできる。あるいは、民主主義を理解する。みんなと話をすることができる。あるいは、社会を変えられる。社会の変革、改革に関わることができる。こういう子は、「いまの世の中は嫌いだけど、きっと未来は捨てたもんじゃないはずだ」と考える。自分たちも大人になるわけですからね。恐れず確信することができるんです。

こんど僕がだす『子どもが大人になる』という本にも、ちょっと引用したんですが、青年の意識調査・世界比較というのがあるんです。「二一世紀、将来の社会がいまよりよくなるか?」というアンケートをしています。アメリカなどの子どもは、未来に対して希望を持っているんですよ。それに対して、日本の子どもはパーセントがものすごく少ない。

だから自分が嫌いだと、自分の人生に対しても否定的だし、そして世の中に対しても否定的になってしまう。「こんな世の中で生きていけるだろうか」というふうになるわけですからね。この世の中を変えようというような思想にはなかなかなれないわけです。だから僕は、いまの世の中の民主主義の後退というところでの危機感ももっています。それを変えるのは次の世代だと思うのです。次の世代が民主主義を背負っている力がないようだと、もう日本は終わっちゃうんです。そういうふうに時どき悲観的にもなったりします。だからこそ、最初に言ったように、そういうものを変えていく子育ての理論というものが必要なんだと、いま叫んでいかなければ未来に希望はないわけですよね。

だから僕は一生懸命本を書いているわけです。理論的な本というより、どちらかというと実践的な本です。お父さんお母さんたちに、みんないい子どもに育ててほしい。そこからものを考える人びとに育ってほしい。そして将来の民主主義を支えてほしい。そんな僕の気持ちがあるわけです。

2　子どもの発達の臨界期

基本は乳幼児期

いままでの話の流れで、この辺がずうっと繫がっていくということは、雰囲気としてわかってもらえると思います。こんどはこちらが力を育てるときに、私たちは何をしなければいけないかということになるわけです。

先のレポート（石田かづ子）にもありましたように、基本は乳幼児期です。乳幼児期でからだの土台をつくるわけですから。

みなさんは、臨界期というのを聞いたことがあると思います。臨界期は刷り込み。有名なのは、ローレンスという動物学者が鴨の世話をしていて、卵を孵《かえ》すわけです。鴨の赤ちゃんが卵から孵化して最初に見た動くもの、それがローレンスだった。その鴨の赤ちゃんにとっては〝これはお母さん〟というのを刷り込まれてしまったわけです。まあ〝お母さん〟なんて概念はないですよね。ないけど、私たちに生きる術を教えてくれるものという刷り込みです。この刷り込みというのは、いわゆる机の上で学習するのとは違って、ぱっと見たら刷り込んじゃうという学習のしかたです。瞬間的な学習。それは、私たち人間にも、ないことはないはずなのですよ。だけどそれはわからない。いまはまだそこまで研究はされていない。動物のように実験できないから。

しかし、三歳くらいまでに視力を失った子どもが、たとえば角膜が混濁したとかそれを手術を受けてその子は見えるようになるのか、それで視力がちゃんと回復するのか。臨界期の三歳くらいまで見えていたんだったら、その子にはこの世界を見る機能は刷り込まれているわけです。だからその後に見えなくなっても、それはまだ生きています。手術を受けて見えるようになる。それは繋がっているわけです。

だけど、それが一歳とかもっと低年齢のときに見えなくなってしまったら、その子は見るという力が刷り込まれていないわけです。だから脳細胞の発達、視覚中枢の細胞の発達が悪くて、手術をしても、視力を十分獲得していくことはできない。だから人間の場合は、見るとか、聞くとか、それから寝る眠る、そんな動物的機能の臨界期を知っていく必要がある。この眠るというのは、自律神経機能全体を象徴しています。全体を表しているといってもいいんです。これらは、だいたい三歳が臨界期だろうといわれているわけです。

臨界期。もうそれから後に刷り込もうと思っても、もう遅い。それは三歳なのか、四歳なのか、まだ十分な研究はされていませんが、もう人類の経験でそれがだいじなことだとわかっています。科学がそれを証明するだけです。

では、証明されるまで待っていますか、そんなばかばかしいことはない。私たちには、人類が営々とつくってきた子育ての科学的な方法論というものがあるのですから。確かに、科学的な方法論といっても誰も論文を書いて子育てをしてきたわけではないです。だけどそういう方法論をしっかりと受け継ごうとしない。そういういまの問題があるわけです。臨界期というのが人間の場合もあるだろうと。

九歳の壁

先ほどの社会的な関係のなかで覚えていくこと、お母さんといっしょに共有しながら、おしゃべりしながら言語概念をつくっていくというふうな社会的な知恵というか、そのものの臨界期はもっと長いんだろう、漠然としているだろうといわれています。僕もそう思うのですね。

それはきっと九歳の壁だろうと思うんです。つまり小学校の中学年から高学年に移るとき、それまでは具体的な思考といいます。自分で実験して確かめないとわからない。それを超えちゃうと、こんどは抽象的な言葉だけでものごとを理解することができるようになる。よく言いますよね。僕は、九歳なのか、八歳なのか、きっとそのへんだろうと思います。よく言う話は、クラスの速い子を選んでリレー大会に出そうというときに、小学校低学年だったら、もう速い子がわかっていても、みんなで走ってみて速いことを確認して、「あの子一等だからあの子を選手にしよう」となる。だけど、五年生、六年生になると、「もうそんなの面倒くさいよ」「速いの決まってるよ」というふうになっちゃう。概念で人間というものを理解しているから。そういうレベルが変わっちゃうわけです。

社会的な知恵の臨界期、獲得する限度、それはある。それはたぶん八歳とか九歳とかそのころだろうと僕も思うのですね。思春期の子と、小学校の低学年の子では全然ちがいますから。さらに次は、大人になったとき、もう子ども時代のような発達は可能ではない。つまり、子ども時代というものは、まわりの刺激も受けて発達していく時代。大人はその発達したものを使って生きていく時代。大人というのは動物でいえば狩りをする、自分でエサをとる、自分で子孫を残す、そういうことができる時代でしょう。それと同じように人間も大人になるわけです。子ども時代のようには発達しない。だけどある人たちは、大人になっても発達するなんて言っている。言葉で使ってもかまわないけれど、大人と子どもは違う。無制限に子ども時代というのはありえない。

だから、この臨界期という考え方。そのときそのとき、大切な学習する動物学的な限界がある、そのときまでにやっておかなきゃならないことがある。それが積み重なって大人ができるというわけです。見る・聞く・睡眠なんて一番大切なことです。中学校で睡眠のリズムを変えようとしても、なかなか眠れないよということになる。それは当然。乳幼児期にしっかりと眠るような訓練をされた子はまだどうにかすればかろうじて回復することができる。

だけどそういうものを壊してしまうものもある。乳幼児期にせっかく身につけたものを壊してしまうこともある。たとえば見るという機能でいえばはっきりしてます。乳児のころに最初ハイハイして立ち上がって、遠くのものを見る。子どものころはまだ遠視です。遠くのものがまだボヤーッと見えている。だいたい近くのものを拾って口に入れたりして認識している。だんだん遠くの方が見えるようになる。立体視、遠近がわかる。これだって、ちゃんと見させなきゃだめですよね。絵に描いて「これが遠くにあるものよ。これが近くにあるものよ」と言っても子どもはわからない。だからテレビもそうですね。テレビの画面の中に、つまり平面に、こういう大きいものと小さいものが並んでいて、小さいものが向こうにあるんだとわかるのは私たち大人だけです。子どもは、平面しか見ていないのですから。まだ立体視を獲得していない時期に、こういう平面で、こういうものを見せたとしたら、その子どもの視機能はゆがんでしまいます。

たとえば、子どもに「向こうにリンゴが二つ並んでる。描いてごらん」と言う。そうすると、子どもが描くリンゴは、二つ並んでいる。「それは違うでしょう。よく視てごらん。この本当の描きかたはね、ひとつは向こうになっているでしょ。陰になっているでしょ。こういうふうになっているんじゃない。これが正しいのよ」これは子どもには難しい。

子どもは上から見てもいい。二つここに並んでいるのです。それをこうやって見て、二つ並べたって不思議じゃない。こういう認識の状態なのです。それをこういうふうに描きなさいというのは、遠近法を知っている僕たちだけ、大人だけですよ。

これからスタートする。子どもが本当に自分で見て描いて「やっぱり陰になっているのは小さく描くんだな」というふうに順番をおって脳を刺激しないから、その子の絵はいつまでたってもぐちゃぐちゃの絵しか描けない。

最初にこういう絵を描いたとしてもね、それは脳の発達がそういうふうになっていない。実体験なんかもそうですよ。それからせっかく実体験ができるようになったのに、近視になる。姿勢が悪いために片方だけ弱視になる。いろいろな点で見るということが、機能をしっかり育てることが無視されていると思うんですね。大事にされていない。しかし、何よりもちゃんと教えなければならないときに教える、体験するときに体験する、ということが大切です。臨界期ということを意識していかなければなりません。

3　人間と自然が育てる

人間関係の学習

こういうようないくつかの段階があるんだということも押さえた上で、こういうものは、何が育てるのかを考えてほしい。ファミコンで育てることが可能なのか。それはありえないことです。育てるのは、人間と自然だけです。抽象的ないいかたをすれば、人間と自然。そのほかのものは邪魔になるだけです。

特にこの臨界期という考え方を持ち得ていれば、小さいときに子どもに体験させてはいけないことを子どもに与えることはしない。子どものころこそ、乳幼児期こそ、人間と自然が育てることを理解したい。

この場合、人間には大人と子どもがいる。同年代の子ども、あるいはお兄ちゃんや妹、弟、兄弟……いろいろあるわけですね。大人はどういう存在か。あくまでも守る存在である。子どもに自分自身の力で成長することを支えてあげる環境。つまり安心感がある環境。これでしかない。大人は安心感を与える。それが役割。それと先ほどのレポート（石田かづ子）にもありましたけれど、体験の共有をしてくれる人。これはなぜかというと、言語を獲得するために絶対必要なわけです。体験を共有して、「うんそうだね」と言って、その子ども自身が肯定される。そして言葉をみつけていく。そういうような作業を共有してくれるのが大人の役割。

子どもは、人間関係の学習という意味でどうかかわるか。兄弟。同じような集団は必要なんですね。だからここにはけんかがある。いじめもある。もう本当に逃げ帰ってこなければならないような人間関係もあるでしょう。だけど、ちゃんと大人がそこにいて安心感を与えればいい。子ども同士はけんかしっぱなしでかまわない。そこで大人が「仲良くするのよ」……これは干渉なんですよね。それは大人の役割に入っていない。入ってはいけない。だって、昔の子どもはそうだった。子どもの世界でどんなに苦労しても、お母さんやお父さんがいる、家へ帰ればほっとした。そこで「僕はいじめられた」なんて言わなかったかもしれない。だけど、お父さんやお母さんが僕の味方だって思うだけで、昼間いじめられたことだって、ちゃんと癒された。だから、安心感だけ与えればいいんです。

いま子どもたちに安心感を与えるという親の役割を捨てて、体験の共有という役割も捨てて、人間関係の学習もさせないで、きているわけです。人間関係の学習というのは、子どもの自治です。堅苦しい言葉で言えば自治。自治の練習をしなければいけない。幼稚園、保育園のときからそうですよね。

こういうときに、たとえば「先生ぼく、だれだれちゃんにいじめられた……」と言って訴えるのも、もちろんいいですよ。そういうときに、「ああそう、それでどうしたの?」って聞いて、「先生、あなたの味方だよ」なんて一言だけで、その子はがんばれるんです。そういうような最初は感情的な「先生がここにいるからぼくはいいんだ」というような心地よさだけで、その子どもは強い。強くなった気になる。それは何も強くなったわけではないが。だけどそんな気持ちになる。そんなことが将来には自己肯定感に結びつき、民主主義に結びついていくわけですよね。そのための最初は子どもの世界で、人間関係の学習をしなければならない。だから不登校は子どもたちを育てない。

だからといって不登校の子に学校に行けというのではなくて、不登校にならないでもいいような子どもを育てなければならないわけです。それよりいまは、不登校の子どもも学校に行けるとか、そういう対応「カウンセリングしてがんばらせる」とか不登校になってしまった子どもへの対応しかやっていないから、子どもたちは、またプレッシャーをかけられるわけです。「いつ行こう、いつか行かなければならない……」という気持ちであせってしまう。そうじゃなくて、もっと子ども時代に、いじめられたりすることもあっても、大人がしっかりとそういう子どもを守ってさえいれば、その子どもは大きくなって、中学校や高校に行ったときにいじめられることがあったとしても、こらえることができる。

だから、不登校問題は、不登校の子どもの対策ではない。学校という集団の中に入っていけないような、これを僕は〝群れの中に入っていけない子どもたち〟って言っているけれども。群れの中に入っていくためには、おどおどしてしまうような、緊張感の非常に強い子どもを育てないことです。もっと子どもたちに、のびのびした人間関係を体験させる。それはあくまでも大人が守ってあげる。子ども同士のなかでは、緊張とかね、競争とか……そういうのもあっていいんですよ。ただ大人は、子ども同士の人間関係もよくみて、安心感をあたえなければならない。

要は人間は、大人と子どもがいて、そしてこういう役割がある。そういうふうに考えていただきたい。

自然に従いつつ乗り越える

自然はどういう役割があるのか。子どもを育てるときに、人間は自然のリズムに従う。自然に従いつつ乗り越える。つまり冒険の対象で克服する。たとえば外でかけっこして汗をびっしょりかくけど、なかなか向こうのゴールまで到達しない。山登りをしているときに、「頂上までなかなかだ……」もう息を切らせて、「もう早くつかないかなあ」と。それを、自然を克服しなければいけないわけです。

そして山を登ったときに「ああ、登ったぞ」と、そういう対象なんですよ。つまり、自然は乗り越えるべき対象。これはストレス。だけど、同時に自然に従わなければならない。夜になったら眠る。眠ることによって疲れがとれる。それは自然の原理です。自然の法則を受け入れなければならない。同時に自然を乗り越える。両方の面があるのですね。そういうふうに人間と自然の関係によって、私たち人類はここまで（一方では、科学技術を成長させるぐらいに脳みそが大きくなったという問題があるのですが）、人間が子どもから大人になるという点で言えば、人間と自然、この二つの力で大人になるというわけです。

それは、何十万年、何百万年と繰り返してきたわけです。二〇年や三〇年で変わることはできない。だからこれに反するもの、機械、テレビ、ラジオ、全てこういうものは、子どもの発達に有害なわけです。もし、それを上手に使うとしたら、子どもの生活のなかに、そういうものが道具として存在する。テレビとかラジオとかもですね。あそびの道具になるとき。いまは道具じゃないでしょう。テレビやラジオはあそんでくれる相手になってしまっている。人間や自然に変わろうとしている。人間を育ててきたそういうものに変わろうとしている。

まだそれは可能だと考えている教育者もいる。非常にだめですね。道具にすることができない限りはですね。子ども時代、特にその臨界期に即応して、与えていけないときには与えない。与えていいときには与える。こういうふうにして人間の生きる力というものを、育てる子ども時代というものがあるわけです。その子ども時代が豊かであった時代、それはやはり人間と自然が子どもを育てていた時代です。

いまのように、人間と自然以外のものが、子どもを育てるかのように考えられている時代。それは人類というか、特に日本人にとってね、もっとも不幸な時代になっている、と言っていいんじゃないかと思うんですね。

もちろん問題は機械だけではないです。親自身も安心感とか、体験を共有するような時間がなくなっています。子ども同士も人間関係の学習をすることじゃない、親に尻たたかれて、一生懸命勉強しなきゃいけないというか、学校に行ってる。そんな世の中になっていますね。だからそこで特に大切なのは、家庭というものが大切だと。家庭の復権。家庭というものが、存在価値をもっともっと主張しなければいけない。

マイホームを一生懸命守ろうとしている民族は、まだ子どもたちは未来に可能性を信じていますね。日本人のように家庭を顧みないことが当然になっている民族、単身赴任、長距離通勤とかね。いまこんなにリストラとか不況とか言われながら生活自体は全然変わっていない。そういうふうなところでは、いわば運命的な華やかさに振り回されている。子どもも大人も振り回されてしまって、家庭の復権はできていない。こういうことが課題だと思うんです。だからぜひお父さん、お母さんにも、家庭の大切さを強調してほしい。時間がない、時間は勝ち取れ……やっぱり、そういう道で説得していかなければならない時代だと思いますね。

家庭を復権させることのなかで、僕がいま話した「子ども時代のルネサンス」というのが実践できるんだと思う。これを抜きにして、子ども時代のルネサンスというのは絶対実践できないということです。

だいたいいままでの子どもの発達研究会でお話ししてきたことをまとめて、お話ししました。

（１９９９年12月25日　子どもの発達研究会第一〇回　最終講義）

あとがき

Un bel di vedremo……（ある晴れた日に……）と、いつの間にか口ずさんでいました。久しぶりの青空を仰いで、ああ私は生きていると思いました。ふっと、まわりに目を追いやると、もう大紫のつつじがつぼみを膨《ふく》らませ、ハナミズキの白い花がまぶしく風に揺らいでいました。あの日から、風の音も、花の色も消えてしまったようで無色の中のくらしをしていたようでした。まさに人間らしさを失っていたことに、気づきました。歌も歌わない、映画も観ない、友人たちとの会食やＴｅａタイムでのおしゃべりもなくなって……からだも心も干からびてしまいました。やっと、私らしく風の音、花の色をからだで受けとめることを取りもどしました。

二月二七日の新型コロナウイルス流行に伴い、突然の安倍首相の独断の全国一斉休校宣言から、生活が狂いだしてしまいました。その後の四月七日の、緊急事態宣言が出され、ますます家にひきこもりの日が多くなってしまいそうでした。みんな大変な思いでくらしていることでしょう。そんなとき、子どもたちはどんな過ごし方をしているのでしょう。幼い子どもたちへの思いはあふれ出てきます。

マンションの管理事務所のガラス戸に、姿を映し、ヒップホップダンスを夢中で踊っている六年生ぐらいの女の子たち。しばらくみとれていました。一方群れをなして、両手を上げたり広げたり、リズミカルにからだを器用に動かして早歩きで移動している三年生ぐらいの子どもたち。その動きをまねをして、二歳ぐらいの幼児が群れに入ろうとしている陽気な姿。笑顔を誘ってくれる光景です。

子どもたちは、不自由な生活を、楽しいあそびのある生活に変えて、毎日過ごしているのです。そんな子どもたちを観て、ふだんの生活に安心感があり、好奇心が育って群れて感動体験をしていこうとしているのだと想像します。

そんなときに、四月一四日付「朝日新聞」におもしろい記事を見つけました。「休校はチャンスだぞ　本当は何がしたい？　問えるとき　絵本作家五味太郎さんから『ガキ』たちへ」というタイトルです。えっ、ガキとは、そんなに堂々と子どもたちのことを、そう呼べるのだ。子どものことを本当に好きなのだ。休校はチャンスとは、そんなとらえかたを、なんてすてきなんだろうと、記事の本文を読む前に思いました。記事は、子どもたちにも紹介したい内容でした。急に学校が閉められて、大人も子どもも不安定になっている。それに対して、逆に聞くけど、コロナの前は、安定していた？　居心地はよかった？　子どもにとって、教育は権利だと、憲法に書いてあるのに、学校も先生もほぼ選べない。学校に行きたくない子どもがいるけれど、学校に向いている子、向いていない子、どちらでもない子がいる。……ガキたちには、むしろこれがチャンスだぞって言いたいな。心も日常生活も、乱れるがゆえのチャンス。ふだんの何がつまらなかったのか、本当は何がしたいのか、ニュートラルに問いやすいときじゃない？……と、五味さんは言う。全く同感です。今こそ、親子で討議したいですね。五味さんは、大人であるのに、子どもの味方で違う角度から、大きな課題を投げかけてくれています。人間の思考の営みはすばらしいと感動しました。

一方四月八日付「しんぶん赤旗」の記事では、「教育課程づくり　今こそ私たちの手に　地域や子どもの実態に応じた学校を　チャンスと捉え」という見出しで、名古屋大学名誉教授　植田健男氏が話しています。新学習指導要領で教育課程が、改めて位置づけられ、今回の改訂で、地域や子どもの実態に応じた教育課程をつくらなければいけないと大きな転機が生まれた。すべての子どもたちのための学校づくりを進めるチャンス。学校の教育活動全体を見直す、教育課程づくりが、子どもの実態から出発するなら、学校ごとに多様な実践が必要になる。……と。五味さんは、居心地がよかったか、安定していたかと問い直すことを提言しています。植田さんは、学校が、独自で子どもの実態から出発の教育課程づくりをと投げかけています。教師の出勤も調整されて子どもがいない学校で、このときをチャンスととらえて、学校のありかた、子どもにとっての学校とは、教師としてのありかた、子どもの実態とは……を課題として何かできると考えます。閉じこもって得たことを教育の大きな変革につなげることができるのではないかと、二つの記事から考えました。

このことは、この本『ひきこもりからの脱出』にもつながるものがあります。教育課程づくりには、子どもの実態をとらえるときに、ぜひこの本を読み解いてほしいと願います

ところで、石田一宏先生がご逝去される前に約束をしていた「子どもの発達・発達の法則・臨界期がある…」を本としてまとめることを、私が死ぬ前にやらねばとここにきて思い立ちました。どう取りかかったらよいのかわからず二〇年の月日が経ってしまいました。もっとも現職であり、『保健室』誌（本の泉社発行）の編集にどっぷりつかっていたこともあります。やらなければと勇気をだしたきっかけは、こんなことでした。私は、『子どものしあわせ』に連載していた学童クラブの実践をまとめて『静かだったら、学校と同じじゃん――学童クラブの窓から』（増山均　共編著）という本にして出版しました。編集しながら、石田一宏先生との約束を増山先生に呟くと、「それは、ぜひ出版しないとだめですよ。あなたと対話のようなかたちで編集するとやりやすいですよ。出版は、何か記念の年がいいですよ……」とアドバイ

スしてくださったのです。増山先生から勇気をいただき、やってみようと、脳が動き出したのです。しかし、会員のみなさんに、集まっていただき、一〇回の研究会の内容を掘り起こしみなさんに新たに執筆していただくことは、大変な作業になってしまうことはみえていますし、まとまりません。そこで、石田先生の論文（『保健室』誌掲載分）を入れてなんとかできるかなと見通しをもちました。研究会のレジメやメモを読みながら、石田先生の主張はこういうところだと確かめながら、論文をパソコンで打ち直しました。

子どもの発達研究会で共に学びあった、天木和子さん、大木幸子さん、小池雪江さん、須永道代さん、並木房子さん、桧田瑞江さん、和田紀美子さん、若王子淑子さん、室井弘美さん、本ができあがるのを楽しみにしていただき励ましのお電話やお手紙をありがとうございました。そして「不登校問題を考える東葛の会ひだまり」の鹿又克之さん、岩根宏さんには、石田一宏の子どもの発達論の検証ともいえる、希望がわく実践を寄稿していただきうれしいです。

私の雑な編集に最後まで繊細な構成をご教示していただき伴走してくださった、新日本出版社の柿沼秀明さんには、多大なご尽力をいただき本当にお世話になりました。感謝申し上げます。

季節が移ろい、石田先生が大好きな緑の美しいときに、『ひきこもりからの脱出――石田一宏の子どもの発達論を読み解く』没後二〇年記念が完成します。子どもの発達研究会のみなさんとひだまりのみなさんといっしょに喜び合いたいと思います。

この本が、子どもの問題にかかわっている方、不登校の居場所の実践者、教育、保育に携わっている方、子どもを育てている方、医師、看護師、子どもをまるごととらえてくださる方……そんな方がたに、子どものの発達論を学ぶ教材になり、子どもをいきいき発達させていくための道しるべになることを願っています。そして、子どもが自分の力で未来をきり拓いていかれるよう念じます。

二〇二〇年四月　石田かづ子

初出

1章1「子ども時代は思い出深い楽しさで満ちていなければならない」（『保健室』83号　1999年3月発行　農文協）

2「食事が人生を楽しくする――食文化を身につける教育――」（『保健室』74号　1998年3月発行　農文協）

3「『問題児』の問題は、決して彼らだけの問題ではない」（『保健室』6号　1986年8月発行　一光社）

4「子どもの生きる力――自立をめざして――」（『保健室』53号　1994年9月発行　農文協）

2章「子どもの発達の法則」（第一〇回子どもの発達研究会　レポート　1999年12月　に加筆）

3章1「親と教師の連携で、子どもに『生きる喜び』と『生きる力』をはぐくもう――『不登校問題を考える東葛の会』の活動――」（『保健室』63号　1996年8月発行　農文協）

4章1「三〇年間のデータ比較から子ども時代の意味を読み解く」（『保健室』87号　2000年5月発行　農文協）

2「学習障害をかかえる由利子の成長記録」（『保健室』89号　2000年9月発行　農文協）

6章「総論　人間と自然が育てる」（第一〇回子どもの発達研究会　最終講義　1999年12月）

（他は書下ろし）

石田かづ子（いしだ　かづこ）
1949年、千葉県生まれ。元養護教諭、元学童指導員。千葉市を中心に小・中学校の養護教諭として勤務、全国養護教諭サークル協議会に加盟。全国養護教諭サークル協議会研究推進委員、機関誌『保健室』の編集に携わる。共著に『ぽちぽち行こうか保健室の窓から』（本の泉社）、『静かだったら、学校と同じじゃん』（新日本出版社）。

石田一宏（いしだ　かずひろ）
1938年、福井県生まれ。金沢大学医学部卒。代々木病院神経科医長、新松戸診療所所長、東葛病院副医院長、東京勤労者医療会副理事、勤医会東葛看護専門学校初代校長、福井県の老健施設「あじさい」施設長、東京勤労者医療会名誉理事を歴任。「酒の害から家族を守る会」（後に「酒の害から健康を守る会」）、「精神障害者を持つ兄弟姉妹の会」（後に「心の病をもつ人とその兄弟姉妹の会」）、「不登校問題を考える東葛の会」、「子どもの発達研究会」を発足した。2000年2月永眠。著書多数。

ひきこもりからの脱出《だつしゅつ》——石田一宏《いしだかずひろ》の子《こ》どもの発達論《はったつろん》を読《よ》み解《と》く

2020年5月30日　初　版

編著者　石田かづ子
　　　　石田一宏
発行者　田所　稔

郵便番号　151-0051　東京都渋谷区千駄ヶ谷4-25-6
発行所　株式会社　新日本出版社
電話　03（3423）8402（営業）
　　　03（3423）9323（編集）
info@shinnihon-net.co.jp
www.shinnihon-net.co.jp
振替番号　00130-0-13681

印刷　亨有堂印刷所　　製本　小泉製本

落丁・乱丁がありましたらおとりかえいたします。

ISBN978-4-406-06474-3 C0037　Printed in Japan